Iris Schmidt-Röger
Dörthe Grisse-Seelmeyer

Motivation

Wahrnehmen
Kommunizieren
Überzeugen

Mit Illustrationen von
Susanne-Lilian Grüning

GONDROM

Konzept und Producing: twinbooks, München
Redaktion: twinbooks, München (Alexandra Kinzkofer)
Abbildungen: twinbooks, München (Susanne Lilian-Grüning)
Covergestaltung: Method Art Design, München (Irina Pasdarca)
Umschlagfoto: Method Art Design, München
(Christian von Proeck)

Die Ratschläge in diesem Buch sind vom Verlag sorgfältig erwogen und geprüft, dennoch kann eine Garantie nicht übernommen werden. Eine Haftung des Verlages und seiner Beauftragten für Personen-, Sach- und Vermögensschäden ist ausgeschlossen.

013

ISBN 3-8112-2259-7

5 4 3 2 1

Inhalt

Einleitung

Sicher sind Ihnen solche Situationen bekannt: Wieder einmal ist im Freundeskreis der Entschluss gefasst worden, am Samstagabend ins Kino zu gehen, obwohl Sie Einspruch erhoben haben. Das ist ärgerlich! Wieso werden Sie immer übergangen? Am Arbeitsplatz bleibt zur Zeit auch alles an Ihnen hängen, das Projekt geht nicht voran, die Zeit wird knapp. Dabei haben Sie Ideen, wie das Ganze viel besser funktionieren kann. Aber wer interessiert sich schon dafür? Und manchmal ärgern Sie sich über sich selbst: Da ist seit langem der Wunsch, einen Volkshochschulkurs für Italienisch zu besuchen, doch nach dem anstrengenden Arbeitstag möchten Sie lieber im Schaukelstuhl sitzen oder bald ins Bett. Erst beim nächsten Italienurlaub erinnern Sie sich und denken: Wie schön wäre es, die Sprache jetzt besser sprechen zu können ...

Oft stecken wir ungewollt zurück und lassen anderen den Vortritt, weil uns der Mut verlässt. Oft verlieren wir in der Hektik des Alltags große und kleine Ziele aus den Augen oder haben einfach nicht mehr die Kraft, sie zu verwirklichen.

Aber nichts muss bleiben wie es ist. Es liegt an ihnen, Ihr Leben neu in die Hand zu nehmen und das, was Sie tief im Innern wünschen und erträumen, in die Tat umzusetzen. Glauben Sie, dass Sie dazu die Kraft haben? Trauen Sie sich. Es ist möglich, Schritte nach vorn zu gehen. Ein weiser Rat steckt in dem Sprichwort: Erträume das Unmögliche, damit Du das Mögliche erreichst. Große Persönlichkeiten der Geschichte waren Menschen der Tat, verantwortungsbewusst und getragen von Visionen, wie ein schöneres Leben möglich ist und die Gesellschaft besser funktionieren kann. Lassen auch Sie sich inspirieren – Sie haben alle Freiheit dazu.

Dieses Buch zeigt Ihnen, wie Sie

- Ihre persönlichen Wünsche und Ziele erkennen,
- Kraft für den Alltag gewinnen,
- an Ihrem Arbeitsplatz mit Ihren Fähigkeiten überraschen,
- sich in schwierigen Gesprächen behaupten können.

Es mag paradox klingen: Werden Sie, was Sie sind! Dass Sie diesen Ratgeber in Händen halten, beweist Ihr Bedürfnis nach einer positiven Wende in Ihrem Leben – sie ist ab heute möglich.

Die Ist-Situation

Angenommen, Sie sind mit dem Auto unterwegs und haben sich verfahren. Was machen Sie dann als Erstes? Genau, Sie werfen einen Blick in die Straßenkarte und suchen Ihren Standort und Ihr Ziel, denn ohne diese beiden Angaben können Sie den richtigen Weg nicht finden. Genauso ist es mit der Planung Ihrer Lebensziele: Machen Sie sich Ihre momentane Situation bewusst. Wo stehen Sie jetzt? Sind Sie zufrieden? Wünschen Sie überhaupt eine Veränderung? Wenn ja, welche? Erst wenn Sie diese Fragen geklärt haben, können Sie realistische Ziele formulieren und verwirklichen.

Situationsanalyse: Ja zur Veränderung?

Finden Sie heraus, wie Ihr Leben derzeit aussieht und wie Sie sich dabei fühlen. Es ist sehr wichtig, dass Sie sich selbst gegenüber absolut ehrlich sind. Die Lage schönzureden, mag kurzfristig zu einem guten Gefühl führen, demotiviert Sie aber mittel- und langfristig bei der Umsetzung Ihrer Pläne. Denn der Weg erweist sich dabei als viel beschwerlicher, als Sie es sich ausgemalt hatten.

TIPP

Wenn Sie Ihre Situation nach bestem Wissen analysieren, haben Sie eine realistische Basis für Ihr weiteres Handeln und können zügig Ihre Pläne verwirklichen.

Erarbeiten Sie Ihre Analyse schriftlich – und zwar wenn Sie den Kopf frei haben von Problemen und Sorgen und Sie sich ohne Hektik und Störungen ganz darauf konzentrieren können. Bedenken Sie: Das Ergebnis dieser Analyse kann Ihr Leben verändern, das verdient die angemessene Aufmerksamkeit.

Ein Blick zurück

Überlegen Sie, wie Sie sich vor zwanzig, zehn, fünf oder zwei Jahren Ihr heutiges Leben privat und beruflich vorgestellt haben. Gehen Sie dabei möglichst genau vor. Welchen Beruf übten Sie aus, wie war Ihr Familienleben, wie Ihre finanziellen Verhältnisse und Möglichkeiten? Sahen Sie sich als häuslichen Menschen in einem renovierten Bauernhof oder als Globetrotter? Spielten in Ihren früheren Überlegungen Freunde und Freizeit, Reisen und Hobbys oder Ehrenämter eine große Rolle? Wollten Sie beruflich eine bestimmte Position erreicht haben, selbstständig sein oder vielleicht einen ganz anderen Beruf ausüben? Wünschten Sie sich Kinder – wenn ja, wie viele und wann? Wollten Sie sich finanziell verbessern? Welche Werte hielten Sie damals für wichtig?

Der Vergleich

Vergleichen Sie nun Ihre aktuelle Situation mit Ihren früheren Vorstellungen. Was hat sich erfüllt, was ist anders gekommen? Hat sich Ihr Lebensweg überraschend gewendet? Hätten Sie vielleicht niemals gedacht, heute diesen Job auszuüben oder fünf Kinder zu haben?

Entscheidend ist bei diesem Vergleich, wie Sie Ihre jetzige Situation bewerten. Sind Sie mit sich und Ihrem Leben zufrieden oder würden Sie gern etwas anders gestalten? Sie müssen genau festlegen, wie Ihr Leben aussehen soll und was Sie ändern wollen. Und damit sind Sie schon dabei, sich zu motivieren.

MERKE: Je mehr Sie bei diesen Überlegungen ins Detail gehen, desto mehr erfahren Sie über sich und können Schlüsse über Ihren Ist-Zustand ziehen.

Vier Lebenswege ...

Stefanie Kösters Lebensplanung sah so aus, dass Sie sich ganz auf eine Karriere in Ihrem Wunschberuf als Übersetzerin konzentrieren wollte, Kinder hatte Sie für Mitte 30 eingeplant. Heute arbeitet die 28-Jährige zwar erfolgreich in Ihrem Beruf, ist aber auch Mutter einer zweijährigen Tochter, die Ihre Pläne gehörig durcheinander gebracht hat. Nun ist alles anders, doch Emma bewertet die Veränderungen in ihrem Leben positiv. Sie wünscht sich allerdings mehr Zeit für Ihre Familie und sucht nach einem Weg, wie Sie Beruf und Familie besser in Einklang bringen kann.

Für Patrick Schneider, 35 Jahre, stand schon immer fest, dass er später die Baufirma seines Vaters übernehmen würde. Noch während seines Studiums meldete die Firma allerdings Konkurs an. Patrick musste sich umorientieren, studierte Architektur und verwirklichte sich damit einen heimlichen Jugendwunsch – er wollte eigentlich schon immer lieber Häuser entwerfen anstatt sie zu bauen. Heute ist er froh über diesen vermeintlichen Schicksalsschlag und glücklich in seinem Beruf.

TIPP
Wenn Sie Ihr Leben ändern wollen, formulieren Sie Ihre Ziele genau. Zielvorstellungen motivieren zum nächsten Schritt.

Carmen Teben arbeitet als Sekretärin – ihrem Wunschberuf seit ihrer Jugend – in einem mittelständischen Unternehmen. Die Arbeit macht der 53-Jährigen viel Spaß, sie genießt Anerkennung und ist bei allen Mitarbeitern beliebt. Durch eine Firmenneustrukturierung wird ihr Arbeitsplatz überflüssig und in der näheren Umgebung hat sie kaum eine Chance, einen adäquaten Job zu finden.

Christian Georg hatte schon in seiner Jugend den Wunsch, Schreiner zu werden. Nach der Schule fand er schnell einen guten Ausbildungsplatz, wurde Geselle und machte seinen Meister. Heute arbeitet der 32-Jährige noch immer in seinem Ausbildungsbetrieb und fühlt sich dort sehr wohl. Es herrscht ein gutes Betriebsklima und die Arbeit macht ihm großen Spaß. Für Christian stellt sich nun die Frage, ob er weiter als Arbeitnehmer tätig ist oder sich selbstständig macht.

Neue Perspektiven

Vier Beispiele, die völlig verschiedene Lebenswege darstellen. In Emma Kösters und Patrick Schneiders Leben ist alles anders gekommen, als geplant – trotzdem sind Sie zufrieden mit diesen Veränderungen. Emma muss noch die Entscheidung treffen, wie ihr weiteres Leben aussehen soll, während Patrick hofft, dass alles so bleibt, wie es ist. Carmen Tebens berufliches Leben war perfekt, doch durch die Arbeitslosigkeit ist alles anders gekommen und sie muss nun sehen, wie sie Ihren Weg weiter gehen kann. Christian Georg übt seinen Wunschberuf aus und ist glücklich, weiß aber noch nicht, in welche Richtung ihn sein Leben führen soll.

Manchmal weichen unsere Lebensplanung und der tatsächliche Lebensweg erheblich voneinander ab. Oft waren es äußere Einflüsse, die den neuen Kurs vorgegeben haben, Träume wurden ersetzt oder einfach vergessen. Ob sich diese Kursänderung als positiv oder negativ erweist, hängt von Ihrer individuellen Bewertung ab – und davon, wo Sie später einmal hin möchten. Sehen Sie Ihre aktuelle Situation als Startpunkt für die Zukunft.

MERKE: **Wenn Sie Kursänderungen negativ bewerten und mit Ihrer jetzigen Situation unzufrieden sind, klären Sie für sich: Was möchte ich erreichen? Wie soll mein Leben sich verändern?**

Selbsteinschätzung

Sie haben Ihr Leben in der Hand – sonst niemand. Je besser Sie sich selbst kennen, desto besser werden Sie Ihr Leben nach Ihren Vorstellungen gestalten können. Überlegen Sie, welches Potenzial in Ihnen steckt, worauf Sie aufbauen können und was Sie fördern wollen.

Ich will etwas verändern – schaffe ich das?

Gehören Sie eher zu den Menschen, die Ihr Leben selbst in die Hand nehmen oder zu jenen, die sich treiben lassen? Viele von uns tragen den Wunsch in sich, etwas zu verändern, doch die wenigsten werden tatsächlich aktiv. Gründe dafür gibt es viele, zum Beispiel Bequemlichkeit, fehlendes Selbstvertrauen, Angst vor Konsequenzen oder mangelnde Selbstbestimmung. Ein wichtiger Grund, warum sich viele Menschen nicht für eine Veränderung motivieren können, liegt darin, dass ihr Leben ihnen zwar nicht gefällt, der »Leidensdruck« aber noch nicht hoch genug ist, um daraus Konsequenzen zu ziehen. Manchmal ergibt sich auch erst durch einen Anstoß von außen die Notwendigkeit zur Veränderung, so hat sich Patrick Schneider (Seite 9) erst durch den Konkurs der elterlichen Firma seinen Jugendtraum zu erfüllen gewagt.

TIPP
Sie haben große Stärken. Es liegt an Ihnen, sie zu erkennen und auszuschöpfen.

Überlegen Sie, was Sie gut können, was Ihnen an sich selbst gefällt und wie Sie in bestimmten Situationen reagieren. Um gezielt etwas verändern zu können, müssen Sie lernen, sich bewusst wahrzunehmen. Finden Sie heraus, wo Ihre Stärken und Schwächen liegen und welcher Motivationstyp Sie sind (siehe Test). Wenn Sie sich selbst kennen lernen, erfahren Sie auch, welche Faktoren Sie noch verbessern können, um Ihre Ziele zu erreichen.

Wie viel Power habe ich?

Testen Sie, zu welchem Motivationstyp Sie gehören und kreuzen Sie nachfolgend jeweils die A- oder B-Aussage an, die am ehesten zu Ihnen passt.

▸ A-Aussagen

1. Ich übernehme Verantwortung für meine Handlungen ❑
2. Ich bin bereit, Neues auszuprobieren ❑
3. Ich habe vielseitige Interessen ❑
4. Ich setze meine Talente ein ❑
5. Ich bin stolz auf meine Arbeit ❑
6. In meinem Freundeskreis bestimme auch ich manchmal, welche Aktivitäten wir unternehmen ❑
7. Ich habe Vorstellungen über die Zukunft ❑
8. Ich konnte schon einige Erfolge verbuchen ❑
9. Ich bin ständig auf der Suche nach Verbesserungen ❑
10. Für meine Familie bin ich wichtig ❑
11. Ich möchte die für mich zur Zeit unbefriedigende berufliche Situation verändern ❑
12. Ich bin bereit, etwas zu riskieren, um meine Ziele zu erreichen ❑
13. Ich kann auch nein sagen ❑
14. Ich weiß, was ich kann und wie ich meine Fähigkeiten weiter ausbauen kann ❑
15. Ich stehe zu meinen Fehlern und suche nach Lösungen ❑

▸ B-Aussagen

1. Ich schiebe Verantwortung gern auf andere ab ❑

2. Ich habe Angst vor Veränderung und bevorzuge Altbewährtes ❑
3. Für Hobbys hab ich keine Zeit ❑
4. Ich habe keine Talente ❑
5. Ich habe meine Arbeit nicht im Griff ❑
6. Mir ist es egal, was wir im Freundeskreis unternehmen
7. In meinem Leben ändert sich nichts mehr ❑
8. Meistens werde ich beruflich übergangen ❑
9. Was ich vorschlage, interessiert sowieso niemanden ❑
10. Für meine Familie gehöre ich zum selbstverständlichen »Inventar« ❑
11. Ich bin mit meiner beruflichen Situation nicht zufrieden, kann daran aber sowieso nichts ändern ❑
12. Risikobereitschaft war nie mein Ding ❑
13. Ich kann nichts ablehnen ❑
14. Ich vergleiche mich immer mit anderen und schneide dabei meist schlechter ab ❑
15. Es muss nicht jeder von meinen Fehlern erfahren. ❑

Ergebnis

11 bis 15 A-Aussagen, 0 bis 5 B-Aussagen: **Los geht's!**

Sie sind hoch motiviert und können es kaum erwarten, Ihre Träume und Ziele endlich zu verwirklichen – und Sie sind dafür gut gerüstet. Sie können Ihre Bedürfnisse formulieren, sind selbstbewusst und selbstbestimmt, haben vielseitige Interessen, übernehmen Verantwortung und sind bereit, Konsequenzen zu tragen. Nun müssen Sie nur noch Ihre Ziele genau formulieren und definieren (Seite 18 f), um voran zu kommen.

6 bis 10 A-Aussagen, 7 bis 11 B-Aussagen: **Sie wollen, wissen aber nicht wie.**

Sie sind oft hin- und hergerissen zwischen Ihren Bedürfnissen, Wünschen und Zielen und deren Umsetzung. Meistens fehlt Ihnen nur ein kleiner Schubs in die richtige Richtung, damit Sie sich auf den Weg machen. Die B-Aussagen geben Ihnen wichtige Informationen über die Schwachstellen, an denen Sie zur Realisierung Ihrer Ziele noch arbeiten sollten. Im Kapitel Selbstmotivation (Seite 24f) finden Sie dafür wichtige Hilfsmittel.

0 bis 5 A-Aussagen, 10 bis 15 B-Aussagen: **Ihnen fehlt der Antrieb.**

Sie sollten Ihre persönliche Situation noch einmal überdenken und erforschen, ob nicht doch noch mehr Potenzial in Ihnen steckt, als Sie vermuten. Vielleicht hatten Sie bisher noch keine Gelegenheit zu beweisen, welche Stärken Sie haben. Trauen Sie sich mehr zu: Sie werden Talente finden, die noch unentdeckt in Ihnen schlummern. Erkennen Sie Ihre Stärken (Seite 24f) und entfalten Sie diese.

Fremdeinschätzung

Neben der Selbsteinschätzung spielt auch die Fremdeinschätzung eine wichtige Rolle bei der Bewertung Ihres Ist-Zustandes. Oftmals gehen Selbstwahrnehmung und Wahrnehmung durch andere viel weiter auseinander, als Sie vielleicht denken. Die Folge: Sie fühlen sich unter- oder überfordert oder falsch eingeschätzt.

Ist Ihnen das auch schon passiert?

- Der Kollege mit dem gleichen Aufgabengebiet bekommt im Gegensatz zu Ihnen mehr Verantwortung und – damit verbunden – eine Gehaltserhöhung.
- Sie trauen sich nicht Ihre Ideen bei Meetings einzubringen, vielleicht aus Angst, belächelt zu werden.

- Sie erwecken den Eindruck mit Ihrer Zeit nicht klar zu kommen oder Ihren Arbeitsbereich nicht im Griff zu haben, weil Sie für andere immer zusätzliche Aufgaben übernehmen.
- Sie haben sich privat und beruflich zu viel aufgelastet und überschreiten deswegen öfters Ihre Grenzen der Belastbarkeit. Dadurch erwecken Sie den Eindruck, nicht leistungsfähig zu sein.
- Sie überlassen die Freizeitgestaltung anderen und gelten deshalb als Mitläufer, auf dessen Meinung es nicht ankommt.
- Sie legen keinen Wert darauf im Rampenlicht zu stehen, oftmals werden Sie deswegen nicht so wahrgenommen, wie Sie es sich wünschen.
- Es fällt Ihnen schwer Kontakte zu knüpfen, deswegen gelten Sie allgemein als arrogant.
- Sie sind sehr kommunikationsstark und gelten bei manchen Kollegen deswegen als aufdringlich.
- Sie kümmern sich oft um andere, gelten deswegen aber als naiv und werden als Seelentröster ausgenutzt.
- Sie sind sehr harmoniebedürftig und gehen Auseinandersetzungen aus dem Weg. Das erweckt bei anderen den Eindruck, Sie hätten keine eigene Meinung.

In solchen und ähnlichen Situationen wirken Ihr Verhalten und Ihre Äußerungen ganz anders als Sie es wollten. Es liegt nun in Ihrer Hand, den Eindruck auf andere in Ihrem Sinne zu beeinflussen. Hierfür sollten Sie diesen Eindruck möglichst genau ermitteln. Verteilen Sie beispielsweise an gute Freunde und Kollegen einen Fragebogen. Lassen Sie darin zum Beispiel Kommunikationsfähigkeit, Fachwissen, Selbstbewusstsein, Selbstbestimmung und Belastbarkeit mit den Noten 1 (sehr gut), 2 (gut), 3 (meistens in Ordnung), 4 (könnte besser sein) und 5 (kaum vorhanden) bewerten. Wenn Punkte der Selbst- und Fremdeinschätzung dabei auseinander klaffen, sollten Sie nachfragen, wie der Eindruck entstanden ist und sich konkrete Beispiele geben lassen.

Fazit

- Vergleichen Sie, was Sie sich früher vom Leben erhofft haben und wo Sie jetzt stehen.
- Sind Sie mit Ihrer jetzigen Situation zufrieden?
- Haben sich Richtungswechsel in Ihrem Leben positiv oder negativ ausgewirkt?
- Haben Sie den Wunsch nach Veränderung?
- Wie nehmen Sie sich selbst wahr?
- Welcher Motivationstyp sind Sie?
- Welches Potenzial können Sie noch steigern?
- Wie werden Sie von anderen wahrgenommen?
- Bleiben Sie Sie selbst und machen Sie sich nicht abhängig von Fremdeinschätzung – Sie handeln nicht für andere, sondern für sich selbst.

TIPP

Zu wissen, wie Sie von anderen eingeschätzt werden, kann »Schwachstellen« aufdecken.

MERKE: Das Wissen um die Wirkung auf andere soll Ihnen Anhaltspunkte liefern, um Selbst- und Fremdwahrnehmung einander näher zu bringen: Bleiben Sie immer Sie selbst. Zeigen Sie anderen, dass Sie mehr Potenzial haben und lassen Sie sich nicht so leicht in eine Schublade stecken. Versuchen Sie jedoch nicht, anderen ein perfektes »Trugbild« vorzuspielen: Fremdeinschätzung ist wichtig, aber nicht lebensnotwendig. Nur dann, wenn Sie motiviert und wirklich von sich überzeugt sind, können Sie auch andere überzeugen. Und nur dann werden Sie den richtigen Weg wählen, um Ihre Träume zu verwirklichen – ohne Ellenbogen- oder Vogel-Strauß-Taktik.

Die Ziel-Situation

Ziele halten Sie wach und lebendig, sie machen Sie träumen und sind der Antrieb für Veränderungen. Doch im grauen Alltag geraten diese Ziele häufig in Vergessenheit. Die Folge: Sie treten auf der Stelle und geben sich mit dem zufrieden, was Sie haben. Um aus diesem Trott auszubrechen, müssen Sie sich Ihrer Ziele wieder bewusst werden.

Ziele sinnvoll definieren

Träumen Sie manchmal vom Lottogewinn oder der dicken Erbschaft? Stellen Sie sich in diesen Momenten ganz genau vor, wie Ihr Leben dann aussehen würde? Was würden Sie verändern? Würden Sie sofort Ihren Job kündigen und Ihrem Chef gehörig die Meinung sagen? Würden Sie überhaupt noch arbeiten oder das Leben unter Palmen liegend in der Sonne genießen? Vielleicht würden Sie aber auch endlich das tun, was Sie schon lange wollten: Eine Umschulung machen oder eine eigene Firma gründen?

Träume sind wichtig, doch überlegen Sie ganz realistisch, auf welchem Fundament Sie Ihr neues Leben aufbauen können. Wenn Sie sich genau vorstellen, was Sie in einem bestimmten Zeitraum erreichen wollen und klären, was zur Umsetzung nötig ist, werden Ziele greifbar. Erst dann motivieren sie zum nächsten Schritt. Einige wichtige Kriterien sollten Ihre Ziele also unbedingt erfüllen. Lassen Sie uns hierzu die nächste Aufgabe angehen.

Schreiben Sie sechs Ziele auf, die Sie erreichen möchten. Prüfen Sie: Sind Ihre Ziele

konkret: »Ich will mehr verdienen» ist nicht konkret. Geben Sie sich schon mit 3 Prozent mehr Gehalt zufrieden oder müssen es 20 sein? Gibt es in Ihrer Firma Chancen, das angestrebte Geld zu verdienen oder müssen Sie dazu das Unternehmen wechseln? Wäre statt mit einer Gehaltserhöhung auch mit einem neuen Firmenwagen Ihr Ziel erreicht?

überprüfbar: Können Sie genau erkennen, wann Ihr Ziel erreicht ist? Können Sie die Fortschritte messen? Eine Gehaltserhöhung ist zum Beispiel ein messbares Ergebnis.

realistisch und im gesteckten Zeitrahmen erreichbar: »Sofort Millionär« – dieses Versprechen bieten wohl nur Lottogesellschaften. Doch wer will sich schon auf sein Glück verlassen? Wenn Sie mehr verdienen wollen, müssen Sie sich überlegen, welchen Zuwachs in welcher Zeitspanne Sie erreichen können. In einem Monat das Doppelte zu verdienen ist unrealistisch, doch in einem Jahr 10 Prozent mehr können Sie schaffen.

TIPP
Stellen Sie sich Ihre Ziele bildhaft und mit allen Details vor.

MERKE: Prüfen Sie gewissenhaft, ob die von Ihnen genannten Ziele auch Ihre eigenen sind: Angenommen, Ihre Eltern besitzen ein alteingesessenes Geschäft und erwarten von Ihnen, die Tradition weiterzuführen und später das Geschäft zu übernehmen. Ist das auch Ihr Wunsch?

Lassen Sie uns dies anhand der Ziele der 28-jährigen Übersetzerin Stefanie Köster (Seite 9) überprüfen. Sie hat folgende Ziele festgelegt:

- Mehr Zeit für Ihre Familie.
- Berufliches Vorankommen.
- Mehr lesen.

Prüfen wir diese Ziele nach den oben aufgestellten Kriterien:

- Mehr Zeit für Ihre Familie: Stefanie muss konkret festlegen, wie viel Zeit Sie mit Ihrer Familie mehr verbringen und wie sie diese nutzen will. Dieses oft genannte Ziel wird in der Routine des Alltags untergehen, wenn nicht von vornherein die Regeln dafür feststehen. Will Stefanie in Ihrer Freizeit mehr Zeit mit der Familie verbringen oder Ihre Arbeitszeit reduzieren? Wenn das geklärt ist, muss Sie sich zum Beispiel auch vornehmen, jeden Tag eine Spielstunde mit Ihrer Tochter zu veranstalten, sonntags mit der Familie einen Ausflug zu machen oder jeden Samstag mit Ihrem Lebensgefährten ausgiebig zu frühstücken. Nur so lässt sich überprüfen, ob das gesetzte Ziel auch tatsächlich erreicht wurde.
- Berufliches Vorankommen: Wie stellt Stefanie sich das genau vor? Will Sie in Ihrer Firma eine bestimmte Position oder eine Gehaltserhöhung bekommen oder will Sie sich selbstständig machen? Das Ziel »berufliches Vorankommen« ist nicht kon-

kret und auch nicht überprüfbar. Stefanie muss genau festlegen, was Sie in welchem Zeitraum erreichen will. Außerdem muss Sie bedenken, dass häufig mit einem höheren Arbeitseinsatz verbunden ist und damit weniger Zeit für Ihre Familie bleibt.

- Mehr lesen: Auch das geht besser! Wir kennen Dutzende von Leuten, die seit Jahren mehr lesen wollen. Doch dieser Vorsatz wird selten in die Tat umgesetzt, weil er nicht konkret ist. Stefanie muss auch dieses scheinbar einfache Ziel konkretisieren: Welches Buch will Sie in welchem Zeitrahmen lesen? Wann will Sie lesen? Wie viel Seiten kann Sie täglich in Ruhe lesen? Nur so lässt sich dieser Wunsch auch umsetzen!

TIPP
Prüfen Sie, ob sich einige der von Ihnen genannten Ziele widersprechen oder sich gegenseitig behindern.

Fazit

- Machen Sie aus Ihren Wünschen und Träumen Ziele.
- Stellen Sie sich Ihre Ziele bildhaft vor und schreiben Sie diese auf.
- Prüfen Sie, ob es wirklich Ihre eigenen Ziele sind und prüfen Sie, ob Ihre Ziele konkret sind, nur dann können Sie diese auch realisieren.
- Teilen Sie Ziele in mehrere »Unterziele« auf und legen Sie fest, welche Maßnahmen Sie zur Erreichung Ihrer Ziele umsetzen müssen.
- Sortieren Sie Ihre Ziele nach Wichtigkeit.

Konsequenzen ziehen

Jedes Verhalten, ob aktiv oder passiv, zieht Konsequenzen nach sich. Das heißt, dass dieses Verhalten Aus- oder Nachwirkungen zur Folge hat. Diese Konsequenzen bestimmen, in welche Richtung Sie Ihr Weg führen wird. Für Sie gibt es zwei Möglichkeiten: Sie können abwarten, was passiert oder die Richtung selbst bestimmen. Machen Sie sich bewusst, dass jede Ihrer Handlungen Auswirkungen für Sie oder andere haben wird – das ist völlig normal. Wichtig ist nur, dass Sie diese Konsequenzen nicht dem Zufall überlassen und dazu stehen.

In allen Bereichen

Konsequenzen sind nicht immer große Ereignisse, die Ihr Leben auf den Kopf stellen. Im Alltag müssen Sie ständig mit den Auswirkungen Ihres Handelns umgehen: Wenn Sie Ihr Handy nicht rechtzeitig aufladen, ist der Akku leer und Sie können nicht telefonieren. Anders sieht die Sache schon aus, wenn Sie einen Auftrag nicht rechtzeitig erledigen konnten und dadurch ein Kunde abspringt.

Konsequenzen gemeinsam tragen

Besonders bei schwierigen Entscheidungen mit enormer Tragweite ist ein Informations- beziehungsweise Meinungsaustausch sehr hilfreich, die Konsequenzen können besprochen und gemeinsam getragen werden.

Vorteil des Erfahrungsaustausches

Man hört eine andere, neutrale Meinung (dazu eignet sich dann allerdings nicht die Ehefrau, sondern in dem Fall der Freund –

im beruflichen Bereich: nicht der Prokurist, sondern die beauftragte Unternehmensberatung). Dadurch kann die eigene Meinung gefestigt werden und man bekommt Unterstützung bei der Umsetzung des Vorhabens: Somit kann man also befreiter an die Arbeit gehen.

Umgang mit negativen Konsequenzen

Konsequenzen können positiver und negativer Natur sein. Von Ihrem Umfeld werden Sie vor allem daran gemessen, wie Sie sich in schwierigen Situationen verhalten. Sei es ein vergessener Termin, eine verspätete Projektabgabe oder eine falsche Kalkulation, Sie müssen zu den Konsequenzen stehen. Sich zu verstecken und zu hoffen, dass es schon niemand merken wird, verschafft Ihnen vielleicht einen Aufschub, bis Ihr Fehler auffällt, doch in dieser Zeit stehen Sie unter dem Stress der ständig möglichen Entdeckung und verlieren die Hochachtung vor sich selbst. Gehen Sie in die Offensive, wenn etwas nicht so gelaufen ist, wie es hätte laufen sollen. Weisen Sie selbst darauf hin und bieten Sie Lösungsvorschläge an. Dann wird Ihnen dieser Fehler meistens verziehen und Sie gewinnen dadurch den Respekt Ihrer Mitmenschen.

Konsequenzen einschätzen

Bei jeder Planung eines Vorhabens, sei es eine Akquise, eine Umstrukturierung innerhalb der Abteilung, ein Umzug oder ein Jobwechsel, müssen Sie schon im Vorfeld überlegen, welche Konsequenzen Ihre Handlungen auf Ihr berufliches und privates Umfeld haben.

Selbstmotivation

Sie haben Ihr Ziele definiert, wissen, wo Sie jetzt stehen – und trotzdem können Sie sich nicht aufraffen, endlich loszulegen? Machen Sie sich bewusst, dass Sie nicht für andere, sondern in erster Linie für sich selbst arbeiten. Sie sind Ihr wertvollstes Kapital: Nutzen Sie es!

Erkennen Sie Ihre eigenen Stärken

Ihre Stärken und Schwächen sind wesentliche Bestandteile Ihrer Persönlichkeit – und machen Sie unverwechselbar. Sie entscheiden, ob Ihre Stärken oder Ihre Schwächen Ihren Lebensweg bestimmen. Werden Sie sich beider Elemente bewusst und bringen Sie Ihre Stärken ans Tageslicht.

Sie sind stark!

Sie haben ein großes Potenzial! Die Kunst ist es, dieses zu erkennen und effizient umzusetzen. Im ersten Schritt müssen Sie herausfinden, wo Ihre Stärken liegen.

Lehnen Sie sich einen Moment zurück und überlegen Sie:

Versetzen Sie sich in Ihre Kindheit, an den Start Ihres Berufslebens und in das Hier und Jetzt: Welche Träume hatten und haben Sie? Vielleicht wollten Sie viele Sprachen sprechen und um die Welt reisen? Vielleicht wollten Sie Pilotin oder Pilot werden? Oder ist es Ihr Wunsch, sich sozial zu engagieren?

TIPP
Hören Sie auf Ihre innere Stimme: Je mehr Erfüllung und Spaß Ihnen eine Aufgabe bereitet, desto mehr entspricht sie Ihren Stärken.

Überlegen Sie, was der Grund für diese Träume sein könnte: ein Vorbild in Ihrer näheren Umgebung, der Einfluss Ihres Freundeskreises oder der Wunsch, mit Technik oder Menschen zu arbeiten? Haben die Träume Sie über viele Jahre beschäftigt oder waren es nur kurze Zwischenspiele? Je intensiver und länger Sie ein Traum begleitet hat, desto mehr Rückschlüsse lässt er auf Ihre Neigungen und Ihr Potenzial zu.

Von den lästigen Pflichten abgesehen – welche Situationen Ihres Alltags verbinden Sie mit besonders positiven Emotionen? Erfüllt es Sie zum Beispiel mit Stolz, wenn Sie eine komplizierte Aufgabenstellung mit Bravour gemeistert haben? Ist es das Organisieren einer Familienfeier? Ist es der Kontakt mit anderen Kulturen während Ihrer Urlaubsreisen? Sind es die stillen Stunden, in denen Sie Zeit für sich haben? Oder ist es das gute Gefühl, ein Computerproblem selbst gelöst zu haben? Oder erfüllt es Sie, anderen eine Freude zu bereiten?

In welchen Situationen werden Sie am häufigsten gelobt? Je mehr Lob Sie für bestimmte Tätigkeiten verbuchen können, desto bes-

MERKE: Sie sollten sich immer fragen, wie Sie sich in fünf, zehn oder zwanzig Jahren fühlen werden, wenn Sie Ihr Leben nicht nach Ihren Zielen gelebt haben und sich keine Chance gegeben haben, Ihre Träume zu verwirklichen.

ser entspricht diese Tätigkeit Ihren Stärken. Aber Vorsicht: Vielen Menschen fällt es schwer, Lob zu verteilen. Es ist dann schon positiv zu werten, wenn die Kritik nicht überhand nimmt.

Bilden Sie Ihre persönliche Schnittmenge

Versuchen Sie nun, aus diesen drei Bereichen Ihre persönliche Schnittmenge zu bilden. Die Tätigkeit, die in allen drei Bereichen übereinstimmt, stellt eine hervorragende Stärke Ihrer Person dar. Sind zwei Überschneidungen vorhanden, ist diese Stärke es wert, von Ihnen weiter ausgebaut zu werden.

Neue Wege erforschen

Sie sind überrascht, welche Stärken Sie besitzen? Vielleicht sind einige darunter, die Sie bisher vernachlässigt haben? Geben Sie diesen Stärken eine Chance!

Erkundigen Sie sich, ob es in Ihrer Firma die Möglichkeit gibt, Einblick in andere Arbeitsbereiche zu erhalten. Der vorübergehende Wechsel in ein anderes Aufgabenfeld kann sehr ermutigend sein. Eventuell können Sie in einer »fremden« Abteilung für eine Woche hospitieren, eine Urlaubs- oder Schwangerschaftsvertretung übernehmen, an einer Fortbildungsmaßnahme, zum Beispiel einem EDV-, Kostenrechnungs- oder Sprachkurs oder einem unternehmensspezifischen Training teilnehmen. Die meisten Chefs werten Ihr Interesse als positives Signal und als hohe Identifikation mit dem Unternehmen, besonders dann, wenn Sie auch dazu bereit sind, einige Stunden Ihrer Freizeit dafür zu investieren. Auch im privaten Bereich stehen Ihnen neue Wege offen, sei es das Engagement in einem Verein oder ein neues Hobby.

TIPP

Suchen Sie sich eine neue Sportart. Die dabei gewonnene Fitness und Freude stärkt Sie zusätzlich und gibt Ihnen neue Energie für den Arbeitstag.

Die Kenntnis vieler Tätigkeitsbereiche bietet zwei Vorteile:

- Sie lernen möglicherweise Aufgabenfelder kennen, die mehr Ihren Stärken entsprechen, als die bisher erfahrenen. Nicht immer ist es möglich, diese vorübergehende Erfahrung auch beruflich umzusetzen. Aber sie kann positive Grundstimmung erzeugen, die sich auch in Ihrem beruflichen Erfolg widerspiegelt.
- Sie kommen vielleicht zu dem Ergebnis, dass Ihre bisher ausgeübten Tätigkeitsbilder genau Ihren Stärken entsprechen. Nun können Sie diesen Weg voller Überzeugung weiterverfolgen.

Beispiel:

Judith May arbeitet in einem internationalen Unternehmen als Team-Assistentin. Zu ihren Aufgaben gehört die gesamte Sekretariatsassistenz und die Betreuung der Außendienstmitarbeiter. Die Auswertung ihrer persönlichen Stärken offenbarte den lang gehegten Wunsch, sprachlich versiert zu sein. In ihrem privaten Umfeld übernimmt Sie freiwillig die Organisation von Familienfeiern und es bereitet ihr große Freude, Fernreisen zu unternehmen. Außerdem nimmt Sie gern komplizierte Aufgabenstellungen in Angriff. Von ihrem Chef wird sie besonders für ihren Umgang mit Kunden und ihr Organisationstalent gelobt.

Aufgrund dieses Ergebnisses hat sie Ihre Ziele festgelegt und beschlossen, ihre Stärken mehr einzusetzen und in die internationale Kundenbetreuung einzusteigen. Dazu wird sie einen Sprachkurs belegen und in der Abteilung International Trade Marketing eine Schwangerschaftsvertretung übernehmen. Sie erhofft sich dadurch eine Beförderung und gleichzeitig mehr Spaß an der Arbeit.

Sich begeistern können

Kennen Sie auch Menschen, die öfters eine Leidensmiene tragen und sich über das Leben beklagen? Dabei geht es ihnen in vielen Fällen nicht schlechter als Ihnen.

Schärfen Sie Ihren Blick

Diese Menschen haben die Freude am Leben verloren und können nur noch das Negative sehen. Lassen Sie sich nicht davon anstecken. Sie haben bisher viel erreicht, auf das Sie stolz sein können – Sie müssen es sich nur bewusst machen. Zählen Sie drei Dinge auf, die in Ihrem Leben positiv sind. Vielleicht ist es Ihr toller Partner, der Sie immer unterstützt? Vielleicht ist es aber auch gerade der Umstand, dass Sie schwierige Zeiten zusammen gemeistert haben. Vielleicht sind es Ihre Kinder, auf die Sie stolz sind, obwohl diese Sie manchmal viele Nerven kosten? Vielleicht ist es Ihr neues Haus, Ihre schön eingerichtete Wohnung oder einfach die Familie, die Ihnen Rückhalt gibt. Das kann aber auch genauso gut der erfolgreiche Abschluss Ihrer Ausbildung sein, Ihre Position in der Firma oder Ihr Posten im Verein, der Sie voll und ganz ausfüllt. Es gibt vieles in Ihrem Leben, auf das Sie stolz sein können, machen Sie sich das klar – und zwar jeden Tag aufs Neue! Schauen Sie morgens in den Spiegel und nennen Sie mindestens drei Dinge, auf die Sie stolz sein können.

MERKE: Machen Sie sich selbst eine Freude. Sorgen Sie dafür, dass immer eine Blume auf Ihrem Schreibtisch steht, gönnen Sie sich zwischendurch ein Eis, verabreden Sie sich mit Freunden zum Inlineskaten oder lesen Sie endlich das Buch, dass schon lange auf Ihrem Nachttisch steht – und wenn es jeden Abend nur 20 Seiten sind.

Sich freuen können

Liegt die Last des vor Ihnen liegenden Arbeitstages morgens tonnenschwer auf Ihren Schultern? Sinkt Ihre Stimmung, je näher Sie Ihrer Arbeitsstelle kommen? Warum lassen Sie sich so die Laune trüben? Es gibt bestimmt nicht nur negative Ereignisse, die auf Sie warten – Sie müssen allerdings offen für die positiven sein.

TIPP

Suchen Sie sich Ihre Muntermacher auch in Ihrem Privatleben: den Kinobesuch heute Abend oder das Treffen mit Freunden am Wochenende.

Überlegen Sie drei Dinge, die Sie an Ihrer Tätigkeit, Ihrer Arbeitsstelle oder Ihren Kollegen schätzen. Ist es vielleicht der schwierige Kunde, mit dem Sie trotzdem immer wieder gute Abschlüsse zustande bringen? Ist es die Klimaanlage, die Ihr Büro angenehm kühl hält? Ist es der Kollege, der immer so lustige Anekdoten erzählen kann? Oder ist es vielleicht einfach die Mittagspause im Kreis Ihrer Lieblingskollegen, wo es immer viel zu lachen gibt? Picken Sie sich einfach die positiven Elemente Ihres Arbeitstages heraus und denken Sie an diese.

Sich an kleinen Dingen freuen

Wann haben Sie sich das letzte Mal darüber gefreut, dass Ihnen der Duft von frisch gebrühtem Kaffee und frische Brötchen den Morgen verschönern? Haben Sie die kleine Blume gesehen, die die Lücke im Asphalt nutzt und nun das triste Grau belebt? Haben Sie sich bei dem Autofahrer bedankt, der Ihnen die Parklücke überlassen hat? Wer den Blick für die kleinen Dinge verliert, kann sich auch nicht mehr an den großen erfreuen und dessen einziger Begleiter heißt bald »schlechte Laune«.

Nutzen Sie die kleinen Freuden des Lebens und machen Sie sich diese bewusst. Das kostet kaum Zeit und noch weniger Geld. Atmen Sie die frische Luft während eines Sommerregens ein, genießen Sie den Wechsel der Jahreszeiten, freuen Sie sich über das Bild, das Ihr Kind Ihnen gemalt hat, und nehmen Sie es wahr, wenn Ihr Partner die Spülmaschine ausgeräumt hat.

Richtige Gestaltung des Arbeitstages

Sie sind motiviert, können es kaum erwarten, an Ihren Arbeitsplatz zu kommen, um endlich loszulegen? Und abends kommt dann der große Frust, weil Sie nur die Hälfte erledigen konnten? Das ist ein klarer Fall von falscher Zeiteinteilung! Doch die richtige Planung hilft Ihnen, Ihre Zeit optimal zu nutzen.

Keine Zeit für Wichtiges?

»Ich habe einfach zu wenig Zeit«, ist heutzutage sicherlich eine weit verbreitete Klage. Gehören Sie auch zu den Menschen, denen diese Worte häufig über die Lippen kommen? Dann fragen Sie sich ernsthaft, ob Sie jemanden kennen, der mehr Zeit hat? Keiner der von Ihnen möglicherweise Genannten hat wirklich mehr Zeit, er nimmt sich nur mehr Zeit für das Anstehende. Zeit ist absolut gerecht verteilt. Ihr Chef hat genauso viel davon wie Sie und wie alle anderen Menschen auf dieser Welt. Die Kunst, seine Zeit gut zu nutzen, liegt darin, sie optimal zu planen und nicht mit Unwichtigem zu vergeuden.

Das Pareto-Prinzip

Der italienische Wirtschaftswissenschaftler Vilfredo Pareto stellte schon gegen Ende des 19. Jahrhunderts fest, dass sich 80 Prozent des italienischen Volksvermögens auf nur 20 Prozent der Familien verteilten. Der Grundsatz dieses 80/20-Schlüssels lässt sich auf viele Bereiche übertragen. Der größte Teil eines Ergebnisses beruht auf einem kleinen Teil des Aufwands. Finden Sie heraus, welche Tätigkeiten Zeitfresser sind und welche Sie weiterbringen.

Wichtiges von Unwichtigem trennen

Nach dem Eisenhower-Schema werden Aufgaben in vier Kategorien unterteilt.

Kategorie A: Wichtig und dringlich – sofort erledigen:

Dazu gehören zum Beispiel: Das Erstellen von Angeboten, Überprüfung der Rechnungseingänge, Kontakt zu den wichtigsten Kunden oder der Tagesabschluss. Diese Tätigkeiten dulden keinen Aufschub und müssen sofort erledigt werden. Gerade weil Sie sich bei diesen Aufgaben sehr konzentrieren müssen, sollten Sie täglich genügend Spielraum dafür in Ihre Planung einkalkulieren.

Kategorie B: Dringlich, aber nicht wichtig – gut planen

Diese Aufgaben müssen Sie wohl bedacht in Ihre Zeitplanung einfügen: Nicht zu früh, damit bei der Bearbeitung auch wirklich alle wichtigen Informationen vorliegen, aber auch nicht zu spät, damit Sie diese nicht auf den letzten Drücker erledigen müssen. Dazu gehören zum Beispiel Quartalsabschlüsse, die Vorbereitung Ihrer Steuerunterlagen, die Erstellung der Spesenabrechnungen oder die Planung eines Meetings.

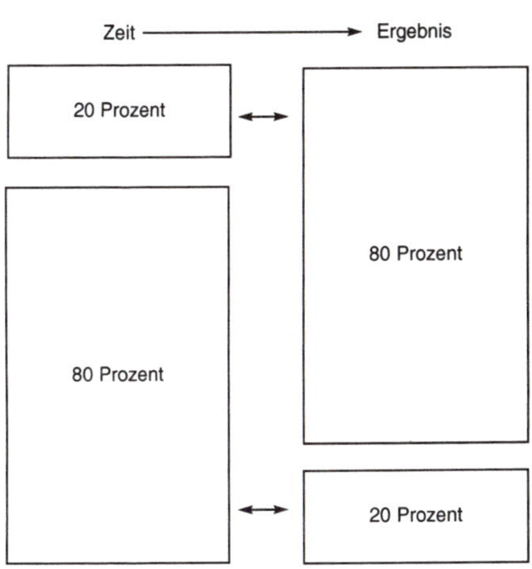

TIPP

Das Pareto-Prinzip zeigt deutlich, wie wichtig der Kampf gegen zeitfressende Tätigkeiten ist.

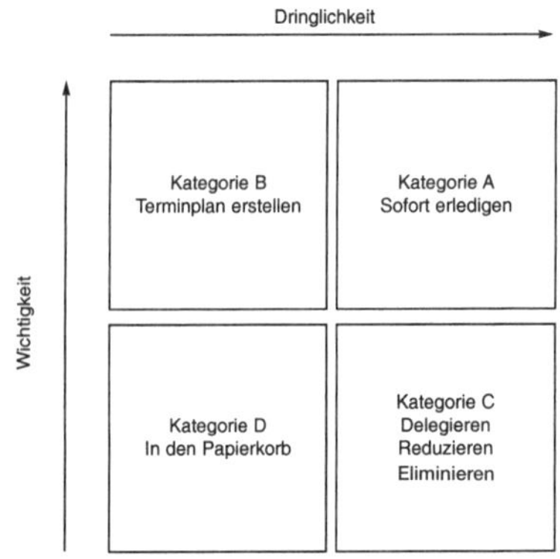

▸ Kategorie C: Dringlich, aber nicht wichtig – wenn möglich delegieren

Flugreisen buchen, Rundmails verschicken, Meeting-Unterlagen kopieren – all das können Sie delegieren, sofern es in Ihrer Firma Mitarbeiter gibt, die diese Aufgaben für Sie übernehmen können. Die Hemden zur Reinigung bringen, Geschenke einpacken oder Grußkarten kaufen – auch in Ihrer Familien können Aufgaben delegiert werden, die Sie viel Zeit kosten. Ist niemand da, der Ihnen diese Tätigkeiten abnehmen kann, müssen Sie sich täglich festgelegte Zeit dafür reservieren.

▸ Kategorie D: Nicht wichtig und nicht dringlich – ab in den Papierkorb

Durchforsten Sie Ihren Alltag nach Tätigkeiten, die nicht wichtig und auch nicht dringlich sind. Streichen Sie diese wenn möglich ganz oder reduzieren Sie sie, damit Ihnen Zeit für die wesentlichen Dinge bleibt. Lassen Sie sich zum Beispiel aus Ihrem Arbeitsbereich nicht relevante E-Mail-Verteilerlisten streichen oder installieren Sie in Ihrem Computer einen Spam-Schutz gegen unerwünschte E-Mails. Damit entlasten Sie sich und Ihre Festplatte. Sie werden erstaunt sein, wie viel Zeit Sie plötzlich gewinnen.

MERKE: **Legen Sie realistische Tagesziele fest. Wenn Sie sich zu viel vornehmen, bringen unvorhergesehene Dinge – und die gibt es jeden Tag – Ihre Zeitplanung durcheinander und Sie können Ihr Soll nicht erfüllen.**

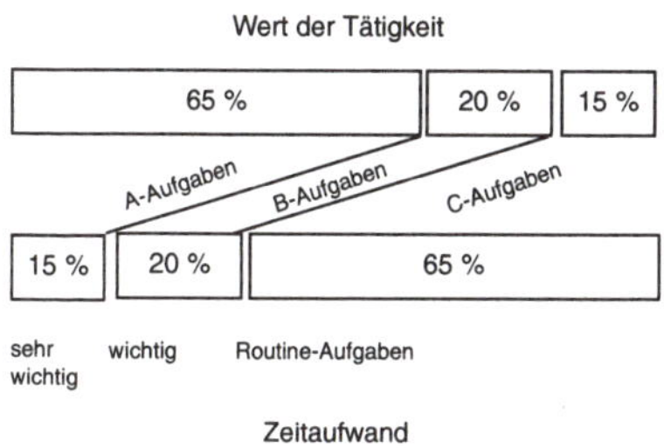

Den Tag planen

Um einen Arbeitstag konkret zu planen, müssen Sie sich einen Überblick über die regelmäßig wiederkehrenden Aufgaben eines Quartals, eines Monats und einer Woche verschaffen. Teilen Sie diese Aufgaben in die Kategorien A, B, C und D ein.

TIPP
Auch unvorhergesehene Aufgaben sollten in Ihrem Zeitschema unbedingt Platz haben!

Erstellen Sie sich nun einen Wochenplan und kalkulieren Sie für jeden Tag 35 Prozent Ihrer Tätigkeit für Aufgaben der Kategorie A, 15 Prozent für Aufgaben der Kategorie B und ca. 10 Prozent für Aufgaben der Kategorien C und D ein. Verplanen Sie aber nicht mehr als 60 Prozent Ihres Arbeitstages. So haben Sie noch genügend Zeit für Verzögerungen und Unvorhergesehenes.

Ausgleich schaffen – Abschalten von der Arbeit

Gehören Sie zu den Menschen, deren Gedanken sich ständig um ihren Job drehen, die sich Arbeit mit nach Hause nehmen und Stunden vor dem Rechner verbringen, während das Familienleben und der Freundeskreis sich anderen Interessen zuwenden? Nehmen Sie sich Zeit für sich, denn nur wenn Sie lernen, auch einmal abzuschalten, können Sie volle Leistung für Ihren Beruf bringen.

Die Freizeit lässt sich genauso wie die Arbeitszeit planen (Seite 30 f.). Nur wenn Sie wichtige von unwichtigen Dingen trennen und sich nicht ständig von anderen vereinnahmen lassen, können Sie Ihre Energiespeicher auffüllen. Es lässt sich nicht immer vermeiden, Arbeit mit nach Hause zu nehmen, doch bitte nur im festgelegten Rahmen.

Nutzen Sie Ihre Mittagspause, um Ihren Kopf wieder frei zu bekommen. Gehen Sie ins Freie und tanken Sie ordentlich Sauerstoff, um den Kreislauf auf Trab zu bringen. Verabreden Sie sich mit Kollegen, um einen Spaziergang oder einen Bummel durch die Stadt zu machen. Unterhalten Sie sich angeregt – aber bitte nicht über den Job – und lachen Sie so viel wie möglich. Treiben Sie Sport, ob in einem Fitness-Studio oder im Büro: Eine kleine Gymnastikeinheit reicht schon, um die Lebensgeister wieder zu wecken. Vielleicht bietet Ihr Unternehmen sogar die Möglichkeit, an Betriebssportgruppen teilzunehmen? Oder sorgen Sie für Entspannung: Mit Hilfe von Massagen, Autogenem Training, Meditation oder einem Büroschläfchen können Sie wieder neue Energie sammeln.

Der Feierabend sollte der Familie, Ihren Freunden und Ihren Hobbys gehören. Planen Sie Familien- und Freundeszeiten als

A-Kategorie in Ihre Freizeit ein – und halten Sie diese auch ein! Sorgen Sie dafür, dass Sie zwischen dem Feierabend und dem Zubettgehen von Ihrem Job abgelenkt werden, ansonsten lässt Sie der Stress nicht einschlafen. Nehmen Sie sich bewusst Zeit für Ihre Familie und Ihre Freunde. Treiben Sie Sport, das hält den Körper fit, sorgt für ein Hochgefühl und bringt Bestätigung. Verbannen Sie Ihren Schreibtisch aus dem Schlafzimmer: Wer seine Arbeit immer vor sich sieht, hat nie Feierabend.

Wochenenden sind häufig voll gepackt mit häuslichen und familiären Verpflichtungen und es ist nicht immer möglich, diese zu delegieren oder ausfallen zu lassen. Trotzdem sollten Sie versuchen, an den Wochenenden so viel Zeit wie möglich für sich, Ihre Familie, Freunde und eigene Interessen frei zu halten.

Urlaub soll Ihnen neue Energie liefern und Sie die Arbeit vergessen lassen. Planen Sie deswegen möglichst dreiwöchige Ferien ein, denn erst dann ist wirkliche Erholung möglich. Obwohl der Urlaub die schönste Zeit des Jahres sein sollte, bedeutet er für viele Menschen Stress pur. Damit Ihnen das nicht passiert, sollten Sie schon zu Beginn zumindest folgende Fehler vermeiden: Planen Sie die Zeit vor dem Urlaubsbeginn gut, um Hektik im Vorfeld zu vermeiden. Und versuchen Sie, An- und Abreise möglichst stressfrei zu gestalten.

Nicht verzetteln – Demotivation vermeiden

Ihre Ziele stehen fest, Sie haben eine Übersicht über die anfallenden Arbeiten eines Quartals, der kommenden Wochen und des nächsten Tages – nun gilt es nicht vom Weg abzukommen.

Organisieren Sie Ihren Schreibtisch

Ein unaufgeräumter Schreibtisch lässt Sie leicht wichtige Dinge übersehen, die Sie später in Zeitnot bringen können. Ordnen Sie alle Dinge, die Sie täglich brauchen (zum Beispiel Locher, Stifte, Taschenrechner, Notizblock) gut erreichbar auf dem Schreibtisch an.

Besorgen Sie sich sechs stapelbare Ablagefächer, die Sie folgendermaßen beschriften:

- Eingang,
- Heute erledigen,
- Weiterleiten,
- Ablegen,
- Lesen,
- Ausgang.

Stellen Sie das Fach »Heute erledigen« auf Ihren Schreibtisch und die anderen erreichbar in Armlänge. Nehmen Sie sich jeden Abend fünf Minuten Zeit, um die Papiere in den Ablagefächern den jeweiligen Vorgängen zuzuordnen. Gehören mehrere Papiere zu einem Vorgang, sollten diese sich immer in beschrifteten Klarsichthüllen oder Ordnern in griffbereiter Nähe befinden. Endgültig abgehängt werden die Vorgänge erst, wenn sie vollständig erledigt sind. Dadurch haben Sie immer schnell Zugriff auf alle aktuellen Projekte, ohne lange suchen zu müssen. Und morgens starten Sie viel motivierter in den Arbeitstag, weil Sie ein aufgeräumter Schreibtisch empfängt.

Nicht aus dem Konzept bringen lassen

Wenn Sie sich morgens an Ihren Schreibtisch setzen, sollten Sie sich an Ihren Tagesplan halten. Manchmal fällt es schwer, einen Anfang für eine komplexe Aufgabe zu finden. Doch machen Sie sich immer bewusst: Auch die Besteigung eines Berges beginnt mit dem ersten Schritt. Für Sie bedeutet das: Fangen Sie einfach an! Führen Sie nicht stattdessen Telefonate oder beantworten Sie Briefe, die auch am Nachmittag noch erledigt werden können. Haben Sie wirklich einmal eine »Blockade«, gehen Sie stattdessen zum Beispiel spazieren, das macht den Kopf wieder frei. Lassen Sie sich aber nicht ablenken. Dadurch schieben Sie die ungeliebte Aufgabe nur vor sich her, werden frustriert und müssen bald unter Zeitdruck arbeiten und können nicht das Ergebnis abliefern, das möglich gewesen wäre. Die Folge davon wäre nur Demotivation. Wenn Sie den Anfang einmal geschafft haben, läuft die Arbeit meistens wie von selbst. Stellen Sie sich das gute Gefühl vor, das Sie haben werden, wenn die Aufgabe erledigt ist und lassen Sie sich davon mitreißen.

TIPP

Durchforsten Sie Ihre Ordner regelmäßig, zum Beispiel alle drei Monate, nach »Papierleichen«, also Papieren, die Sie nicht mehr benötigen. Dadurch bleibt Ihre Ablage übersichtlich.

Behalten Sie Ihre Ziele im Auge

Sie ziehen Ihre Motivation aus ihren Zielen. Je näher Sie diesen sind, desto motivierter sind Sie folglich auch. Für Sie bedeutet das konkret: Behalten Sie den roten Faden. Es wird immer wieder vorkommen, dass unvorhergesehene Ereignisse Ihre Pläne durchkreuzen. Lassen Sie sich davon nicht aus der Bahn bringen und gehen Sie damit richtig um.

Unvorhergesehenes nutzen

Auf den ersten Blick scheinen die meisten unvorhergesehenen Ereignisse Sie weiter von Ihrem Ziel abzubringen. Doch auf den zweiten Blick bergen solche Überraschungen oft neue Chancen, die Sie Ihrem Ziel näher bringen. Durchleuchten Sie deshalb diese Ereignisse auf Ihren »Ziel-Wert« hin.

Beispiel 1:

Ihr völlig veralteter Computer ist wieder einmal kaputt, gerade in dem Moment, wo Sie eine wichtige Kalkulation abschließen wollen – der typische Moment zum »Haare raufen«! Doch Sie können selbst eine so frustrierende Situation positiv nutzen. Reden Sie mit Ihrem Vorgesetzten und erläutern Sie ihm sachlich, welche Zeitausfälle die alte Kiste Ihnen schon beschert hat und rechnen Sie ihm den dadurch entstandenen Ausfall vor. Schlagen Sie vor, den Rechner gegen ein neueres Modell austauschen zu lassen. Nutzen Sie die Zeit ohne Computer damit, die Kalkulation noch einmal durchzurechnen und zu überprüfen.

Beispiel 2:

Judith May hat Ihre Stärken analysiert und daraus neue Ziele entwickelt (Seite 27). Voller Motivation besucht Sie einen Sprachkurs und hat auch schon mit Ihrem Chef gesprochen. Dieser steht ihren Plänen positiv gegenüber, stellt sogar einen Posten in der International Trade Marketing-Abteilung in Aussicht. Eines Abends erzählt ihr Mann ihr, dass er für ein Jahr die Außenstelle seiner Firma in Brasilien betreuen muss.

Auf den ersten Blick ist Judith schockiert. Sie sieht die Alternativen: Ihren Mann zu begleiten und ihre Pläne auf Eis zu legen oder eine Beziehung zu führen, in der die beiden sich höchstens alle zwei Monate sehen können.

Doch nach genauer Überlegung und einigen Besprechungen sieht Sie Ihre Chance in dieser Wendung, nämlich Sprachen und Kultur vor Ort kennen zu lernen. Sie kann als Assistentin Ihres Mannes dort beruflich aktiv werden und Auslandserfahrung sammeln, zumal Ihr Chef Sie für ein Jahr freistellen würde.

Unvorhergesehenes abblocken

Doch leider können unvorhergesehene Dinge nicht immer positiv genutzt werden, manchmal sind es einfach Störfaktoren mit einem Ziel-Wert von Null. Diese Dinge müssen Sie abblocken, wenn Sie sich nicht ständig über die dadurch verloren gegangene Zeit und sich selbst ärgern wollen, weil Sie wieder einmal nicht »Nein« sagen konnten.

Beispiel 1:

Judith May muss in einer Stunde bei Ihrem Sprachkurs sein. Plötzlich kommt Ihre Kollegin und bittet sie, »noch schnell« fünf Briefe zu schreiben, die Ihr Chef ihr gerade gegeben hat. Die Kollegin hat keine Zeit dafür, weil Sie in einer halben Stunde zum Tennis verabredet ist. Judith steckt in der Zwickmühle. Tut Sie nun Ihrer Kollegin den Gefallen, versäumt Sie Ihren Sprachkurs, blockt Sie dagegen ab, ist die Kollegin möglicherweise verärgert. Wie würden Sie in dieser Situation reagieren? Wollen Sie ständig Liebling aller sein, weil Sie immer und jederzeit zur Verfügung stehen? Dann können Sie Ihre Pläne vergessen, weil Sie nicht für sich selbst, sondern nur für andere arbeiten. Die einzig richtige Entscheidung Judiths in dieser Situation ist, der Kollegin zu erklären, dass sie ihr heute leider nicht aushelfen kann, gerne aber an einem anderen Tag dazu bereit ist, wenn Sie keine sonstigen Verpflichtungen hat – vorausgesetzt, die Kollegin würde ihr auch einmal aushelfen.

Beispiel 2:

Herr Lenz bekommt von seiner Firma das Angebot, den gerade vakant gewordenen Posten des zuständigen Key Accounters für den asiatischen Raum zu übernehmen. Weil es von seinem Ziel abweicht, alleiniger Verantwortlicher für den amerikanischen Markt zu werden, lehnt er das Angebot ab. Herr Lenz ist schon seit einigen Jahren für den amerikanischen Markt zuständig. Den Traum, einmal dort zu leben, hegt er schon sehr lange. Nun sieht er sich aufgrund des neuen Angebots immer weiter von diesem Traum entfernt. Die Entscheidung das Angebot abzulehnen ist ihm nicht leicht gefallen, zumal sein Vorgesetzter den Wechsel nach Asien als große Chance für die Karriere geschildert hatte.

Vergleichen Sie sich nicht mit anderen

Gehören Sie zu den Menschen, die ihr Selbstbewusstsein von anderen abhängig machen? Das haben Sie nicht nötig! Sie sind ein ganz besonderer Mensch mit ganz besonderen Fähigkeiten. Was Ihre Stärken sind, haben Sie für sich persönlich schon festgestellt. Nun gilt es, selbstsicher damit umzugehen.

Vergleichen liegt uns im Blut

Es fängt schon in unserer Kindheit an, dass unsere Leistungen mit denen anderer verglichen werden, zum Beispiel bei der Zeugnisvergabe, dem Notenspiegel, sportlichen Leistungen oder einer Abschlussnote. Deswegen neigen wir auch heute noch dazu, uns an vielen Stationen unseres Lebens mit anderen zu messen und unser Selbstwertgefühl von diesem Gradmesser abhängig zu machen. Es ist gar nicht einfach und auch nicht immer sinnvoll, dieses Verhalten abzulegen.

TIPP

Vergleichen Sie nicht zu Ihrem Nachteil, sondern nur zu Ihrem Nutzen.

Realistische Vorbilder suchen

Bestimmt kennen Sie eine Person, der Sie beruflich oder privat nacheifern. Dies kann von großem Nutzen sein, sofern Sie nicht nach den Sternen greifen. Suchen Sie sich Vorbilder, die zu Ihnen passen und die Ihnen erreichbare Visionen bieten! Das kann der direkte Vorgesetzte sein, der tolle Führungsqualitäten besitzt – weil Sie daran arbeiten, selbst eine solche Position zu erlangen. Das kann Ihre Schwester sein, die trotz der Doppelbelastung von Beruf und Familie noch Zeit für sich hat – weil Sie das Gefühl haben, ihrer Zeit hinterher zu hetzen. Das kann ein Kollege sein, der sich durch Fleiß und Beständigkeit eine sehr gute Position erarbeitete – weil Sie glauben, bei Schwierigkeiten die Flinte zu schnell ins Korn zu werfen. Das kann die Nachbarin sein, die in ihrer Freizeit hilfsbedürftige Menschen betreut – weil Sie das Gefühl haben, einen alten Menschen aus ihrer Familie zu vernachlässigen.

Bleiben Sie sich treu

So nützlich es sein kann, ein Vorbild zu haben – Sie müssen Ihren individuellen Weg gehen. Wenn Sie nur die Maßstäbe anderer auf sich selbst anwenden, vernachlässigen Sie Ihre eigenen Stärken und orientieren sich an den Stärken anderer. Sie dürfen nie außer Acht lassen, dass jeder Mensch anderen Rahmenbedingungen unterliegt. So sind zum Beispiel familiäre Situationen, berufliche Stationen, weitere Ausblicke und persönliche Präferenzen individuell und deswegen nicht mit den Ihren vergleichbar. Vielleicht hat die Person, mit der Sie sich scheinbar erfolglos messen, einen anderen schulischen Hintergrund, größere finanzielle Möglichkeiten, mehr familiäre Unterstützung und ganz andere Potenziale als Sie.

Stellen Sie einmal einen entgegengesetzten Vergleich an: Nehmen Sie als Maßstab nicht nur Ihre Vorbilder, sondern Menschen aus Ihrem Umfeld, die sich Ihrer Meinung nach nicht besonders hervorheben. Sie werden feststellen, dass Sie diesen Menschen in einigen Punkten weit voraus sind und stolz auf das von Ihnen Erreichte sein können. Es ist wichtig, nach vorn zu schauen, um den Weg zu finden, es ist aber manchmal auch wichtig, zurückzuschauen, um zu erkennen, wie weit man schon gekommen ist.

TIPP
Konzentrieren Sie sich mehr auf sich selbst als auf andere.

MERKE: Vorbilder können eine nützliche Leitfunktion für Sie besitzen, doch Sie dürfen niemals alleiniger Maßstab für Ihre Selbstbewertung sein.

Es bringt Ihnen nichts, darauf zu achten, dass Ihr Kollege mehr Aufmerksamkeit vom Chef, schneller die Gehaltserhöhung oder einen Positionswechsel erreicht hat als Sie. Zwangsläufig stellt sich bei dieser einseitigen Betrachtungsweise Demotivation und schließlich auch Resignation ein. Dieser ständige Wettbewerb verzerrt Ihr Selbstbild, sodass Sie Ihre eigenen Stärken nicht mehr wahrnehmen und in einen Kreislauf der Frustration gelangen.

Sie müssen selbstbewusst werden, Ihre eigenen Stärken wahrnehmen und Ihrer Persönlichkeit entsprechend ausbauen. Sie sind ein Individuum mit ganz individuellen Stärken. Machen Sie sich das jeden Tag aufs Neue bewusst.

Positive Eindrücke verstärken

Sie haben Ihre Stärken erkannt und wissen, was Sie können. Nun liegt es an Ihnen, anderen Ihre Stärken bewusst zu machen und sich positiv abzugrenzen. Sie haben es nicht mehr nötig, sich hinter Kollegen zu verstecken und immer im Hintergrund zu bleiben – gehen Sie voran!

Nutzen Sie Ihre persönlichen Soft-Skills

Soft-Skills werden immer wichtiger für das berufliche Vorankommen, fast gleichbedeutend mit der Fachkompetenz. Sie beschreiben Charaktereigenschaften, wie zum Beispiel Kommunikations- und Teamfähigkeit, Flexibilität und Kreativität. So nützt fundiertes Fachwissen wenig, wenn Sie es beispielsweise in einem Meeting nicht effizient einbringen können, sondern aufgrund Ihrer Bescheidenheit ständig übergangen werden. Ein gesundes Selbstvertrauen dagegen ermöglicht es Ihnen, Ihre Ideen zu vertreten, ohne negativ aufzufallen oder nur mit der »Ellenbogen-Technik« Ihr Ziel zu erreichen.

Beispiele:

- Keine falsche Bescheidenheit. Lobt Ihr Chef Sie für die Erarbeitung einer komplexen Aufgabe, haben Sie das Lob auch verdient. Gerade Frauen neigen häufig dazu, dies als »nicht der Rede wert« abzutun. Signalisieren Sie stattdessen Ihrem Vorgesetzten, dass Sie für diese Aufgabe sehr viel Zeit und Energie eingesetzt haben. Erwecken Sie aber nicht den Eindruck, dass Sie an Ihre persönlichen Leistungsgrenzen gestoßen sind.

TIPP
Schreiben Sie Ihre Erfolge auf, das stärkt Ihr Bewusstsein, einen Schritt weitergekommen zu sein.

- Legen Sie ein Lob-Konto an. Machen Sie sich jedes Lob bewusst und verbuchen Sie es als weiteren Erfolg.
- Seien Sie selbstbewusst in Meetings. Wenn Sie in einem Meeting einen Beitrag leisten können, sollten Sie diesen auch einbringen. Lassen Sie sich nicht von alteingesessenen Kollegen oder der Angst vor der Blamage einschüchtern. Beachten Sie aber die Meeting-Regeln: Lassen Sie Ihr Gegenüber aussprechen, nehmen Sie dessen Ideen ernst und versuchen Sie, im Team Lösungen zu erarbeiten. Sie werden überrascht sein, wie viel positive Resonanz Ihnen entgegengebracht wird.

MERKE: Wenn Sie stolz auf Ihre Stärken und Leistungen sind und dies auch nach außen tragen, ohne damit »auf die Nerven« zu gehen, werden Ihnen andere mehr zutrauen, weil Sie Selbstbewusstsein ausstrahlen.

- Nutzen Sie den Gruppeneffekt. Hier gilt nicht der Satz »Viele Köche verderben den Brei«, sondern »Gemeinsam sind wir stark«. Dazu gehören Teamfähigkeit, Loyalität, Menschenkenntnis und Einfühlungsvermögen. Diese vier Werkzeuge versetzen Sie in die Lage, Ihre Kompetenz zur richtigen Zeit und am richtigen Ort einzubringen.

Nutzen Sie Ihre persönlichen Hard-Skills

Zu den Hard-Skills gehören Ihre Ausbildung, Fachkenntnisse und Erfahrungen. Je mehr fundiertes Wissen Sie besitzen, desto selbstsicherer und motivierter können Sie auch an komplexe Aufgabenstellungen herangehen. Nutzen Sie Weiterbildungsmöglichkeiten. Damit stärken Sie Ihr Fundament und signalisieren Ihrem Vorgesetzten, dass Sie Ihr Handwerkszeug beherrschen, sich aber nicht auf Ihren Lorbeeren ausruhen möchten, sondern zu Ihrem und zum Nutzen der Firma an die Zukunft denken. Sofern es Ihre familiäre Situation erlaubt, verstärken Sie den durch den Fortbildungswunsch entstandenen positiven Eindruck noch durch Engagement für das Unternehmen, auch wenn es über die Arbeitszeit hinausgeht.

Beispiele:

- Seien Sie flexibel und nehmen Sie die eine oder andere Überstunde in Kauf, das kann eine Investition in Ihre Zukunft sein.
- Zeigen Sie Verantwortungsbewusstsein für die Ihnen anvertrauten Aufgaben und stehen Sie hinter Ihren Kollegen.
- Schauen Sie über den Tellerrand hinaus. Versuchen Sie bereichsübergreifend zu agieren, zum Beispiel bei der Betreuung von Praktikanten oder Auszubildenden oder durch freiwillige Mithilfe bei der Organisation des Betriebsfestes. Vielleicht wird Ihr Chef Fähigkeiten an Ihnen entdecken, die ihm bisher verborgen geblieben sind und seine Wertschätzung für Sie steigt.

MERKE: Vergessen Sie bei Ihrem Wunsch, sich gut darzustellen, nicht Ihr eigentliches Aufgabenfeld – daran werden Sie hauptsächlich gemessen.

Sich kleine persönliche Ziele setzen

Ihr Chef hat Sie mit der Aufgabe betraut, die Kalkulation für das Prestigeobjekt seiner Firma zu übernehmen. Oder Ihr Handwerksbetrieb hat den ganz großen Wurf gemacht und soll sämtliche Malerarbeiten für das neue Einkaufszentrum übernehmen. Doch nach der ersten Freude darüber kommen Sie ins Grübeln und fragen sich: »Schaffe ich das?«

Vertrauen Sie sich

Die einzig richtige Antwort lautet: »Natürlich schaffe ich das!« Wenn es daran Zweifel gäbe, hätte Ihr Chef Sie für diese Aufgabe nicht ausgewählt oder Sie hätten sich um diesen Auftrag erst gar nicht beworben. Sie haben viele Jahre hart gearbeitet, um dort zu stehen, wo Sie jetzt sind, haben eine gute Ausbildung, sich weitergebildet und nicht auf Ihren Lorbeeren ausgeruht, sind qualifiziert und leisten gute Arbeit – machen Sie sich das immer wieder bewusst! Werten Sie es als ersten Erfolg, dass Sie diesen Auftrag überhaupt bekommen haben, denn es gibt viele andere qualifizierte Mitbewerber, die sich vergeblich darum bemühen.

Schritt für Schritt

Viele gute Kräfte unterschätzen ihr Potenzial, weil Sie komplexe Aufgaben als große, fast unüberwindbare Berge sehen, die es zu erklimmen gilt. Doch wie wird ein Berg bestiegen? Schritt für Schritt! Machen Sie sich dieses Prinzip zu Eigen und teilen Sie eine große Aufgabe in viele kleine auf. Setzen Sie sich für jede Aufgabe einen Zeitrahmen. Dadurch verliert der »Berg« an Schrecken und Sie können beschwingter an die Arbeit gehen. Und vor allem: Werten Sie es als Erfolg, wenn Sie ein Etappenziel erreicht haben. Klopfen Sie sich auf die Schulter. Sie haben es gut gemacht.

Etappenziele sind Erfolge

Etappenziele können je nach Aufgabe anders aussehen. Für den Projektleiter einer Baufirma ist es zum Beispiel die Fertigstellung zweier Bauabschnitte in seinem Projekt der Sanierung einer Seniorenresidenz und für den Malermeister vielleicht die Übergabe von fünf Räumen oder einer Etage. Es ist aber auch immer ein Erfolg, wenn Sie Ihrem persönlichen Ziel etwas näher gekommen sind.

HAKEN SIE ETAPPENZIELE auf Ihrer Zielliste ab, das spornt Sie für die folgenden Aufgaben an.

Beispiele:

Judith May (Seite 27) kann es als Erfolg werten, dass Sie nun überhaupt weiß, was sie will, dass sie ihren ersten Sprachkurs bestanden hat, ihr Chef ihr grünes Licht für ihre Pläne signalisiert hat oder ihr Partner ihr dabei Rückendeckung gibt.

Für Herrn Lenz (Seite 39) bedeutet es eine Wertschätzung seiner Arbeitsleistung, dass ihm die große Verantwortung für den asiatischen Raum angeboten wurde.

Erfolge feiern

Erfolge – persönliche und auch berufliche – gehören zu den Glücksmomenten unseres Lebens. Sie geben uns Auftrieb und spornen uns zu neuen Höchstleistungen an. Aber können Sie sich erinnern, wann Sie Ihren letzten Erfolg gebührend gefeiert haben?

Sind Sie zu bescheiden?

Ist es für Sie nichts Besonderes, Ihre Wohnung renoviert, fünf Kilo abgenommen oder in Abendkursen ein neues Computerprogramm erlernt zu haben? Dann sind Sie eindeutig zu bescheiden! Überlegen Sie einmal, welche Leistungen Sie dafür erbringen mussten: Sie haben etliche Stunden in die Renovierung gesteckt beziehungsweise Ihre Ernährung komplett umgestellt. Sie haben die knappen Stunden Ihrer Freizeit in Ihre Fortbildung investiert und waren dabei auch noch erfolgreich – feiern Sie das! Wer seine kleinen Erfolge übersieht, ist für die großen nicht bereit. Laden Sie Freunde ein, Ihre tolle Wohnung, Ihre neue Figur oder Ihre neuen Fähigkeiten zu bewundern. Sie haben Angst, wie ein Angeber zu wirken oder die anderen, die sich nicht dazu aufraffen können, vor den Kopf zu stoßen? Wer sagt denn, dass Ihr Beispiel negativ sein muss? Vielleicht wirken Sie vielmehr als Ansporn für Ihre Freunde, sodass sie selbst auch einmal zur Tat schreiten.

TIPP

Nehmen Sie Lob an und freuen Sie sich ehrlich daran – Sie haben es sich verdient.

Lassen Sie es krachen

Sie haben endlich die lang ersehnte Beförderung bekommen, eine Führungsposition erreicht oder sich selbstständig gemacht? Machen Sie nicht den Fehler, dies als selbstverständlich zu betrachten nach dem Motto: »Abgehakt, weiter.« Dadurch verlieren Ihre Erfolge an Wert. Nehmen Sie sich vielmehr ein Beispiel an der Prominenz: Nach jeder Filmpremiere gibt es eine Party, nach jedem Formel-1-Sieg fließt der Schampus in Strömen und nach jeder gewonnenen Fußball-Meisterschaft steigt

die große Siegesfeier. Lassen auch Sie Ihre Familie und Ihre Freunde an Ihrem Glück teilhaben und sich selbst gebührend feiern. Sie haben es sich verdient!

Selbstdisziplin

Ärgern Sie sich, weil Sie zu Terminen ständig zu spät oder abgehetzt erscheinen, morgens nicht aus den Federn kommen oder die Projektfragen Ihres Chefs nicht beantworten können? Dann mangelt es Ihnen an Selbstdisziplin!

Seien Sie kritisch!

Bei der Selbstdisziplin geht es darum, dem »inneren Schweinehund« ein Schnippchen zu schlagen. Doch wo lauert dieser Quertreiber, der Sie ständig in Schwierigkeiten bringt und in der Ausführung Ihrer Pläne bremst? Genauso, wie Sie Ihre Stärken analysiert haben, können Sie auch Ihren Schwächen auf die Spur kommen.

Nennen Sie drei Eigenschaften, die Sie gerne an sich ändern würden und entwickeln Sie eine Strategie, wie Sie die Kontrolle über diese gewinnen können.

Beispiele:

▶ Chronisches »Zu-spät-Kommen«

Sie drücken morgens im Auto auf die Tube und schimpfen über jede Minute, die Sie wieder an der Bahnschranke oder hinter dem »Schleicher« vor Ihnen verlieren? Sind es wirklich die anderen, die Sie in diese Situation gebracht haben? Sicher nicht! Wären Sie früher losgefahren und hätten Sie einen Zeitpuffer eingeplant, würden Sie diese »Zeitfresser« kalt lassen, denn Sie wissen ja, dass Sie trotzdem pünktlich ankommen. Stattdessen sitzen Sie im Auto und raufen sich die Haare; dabei hätten Sie ganz entspannt fahren und sich gedanklich auf den vor Ihnen liegenden Arbeitstag, das Meeting oder die Besprechung mit dem Kunden einstimmen können.

TIPP
Planen Sie Zeitpuffer ein, um Verspätungen auffangen zu können.

▶ Niemals richtig ausgeschlafen

Können Sie sich abends nicht vom Fernseher trennen, unterhalten sich mit Freunden bis nach Mitternacht oder machen Party, weil das Wetter gerade so schön ist? Dann ist es kein Wunder, wenn Sie morgens nicht in die Gänge kommen, den Wecker sieben Mal weiterstellen und im Büro bis zehn Uhr nicht ansprechbar sind. Sie haben bestimmt schon herausgefunden, wie viele Stunden Schlaf Sie brauchen, um morgens fit und ausgeschlafen

MERKE: Neueste wissenschaftliche Forschung hat gezeigt, dass ein veränderter Schlaf-Wach-Rhythmus am Wochenende oder im Urlaub Stress für den Körper bedeutet und diesen sehr belastet. Wenn möglich, sollte auch in der Freizeit der gleiche Rhythmus wie an einem Arbeitstag beibehalten werden

zu sein. Machen Sie es sich zur eisernen Regel, diesen Schlaf auch zu bekommen und gehen Sie dafür zeitig ins Bett; desto motivierter werden Sie an Ihre Aufgaben herangehen.

Wenn Sie trotzdem nicht darauf verzichten wollen, bis in die Nacht hinein fernzuschauen oder mit Freunden zu plaudern, sollten Sie dies auf das Wochenende legen und zu den Highlights der Woche erklären, auf die Sie sich freuen können.

Ungenügend vorbereitet

Ärgert es Sie, weil Sie Ihrem Chef nicht alle Fragen zum laufenden Projekt beantworten konnten? Dann tun Sie etwas dagegen und sorgen Sie dafür, dass Sie immer auf dem Laufenden sind. Planen Sie täglich Zeit ein, um die neuesten Daten zu lesen und dadurch immer den neuesten Stand zu kennen. Meistens reichen dafür schon fünf Minuten.

Am Ball bleiben

Glauben Sie, dass Spitzensportler zu körperlichen Höchstleistungen fähig sind, weil Sie dreimal im Monat trainieren? Glauben Sie, dass die Musiker eines Symphonieorchesters Beethovens Neunte fehlerfrei und mit Gefühl spielen können, weil Sie sich einmal in der Woche zusammensetzen? Glauben Sie, der Computerprogrammierer könnte ein neues Programm entwickeln, wenn er sich auf sein Wissen verlässt, dass er sich vor vier Jahren angeeignet hat?

MERKE: Halten Sie Probleme klein, solange sie klein sind: Stellen Sie fest, dass Probleme zu groß werden, sollten Sie frühzeitig etwas dagegen tun. Je kleiner die Schwierigkeiten sind, desto leichter lassen Sie sich aus dem Weg räumen. Es fällt Ihnen leichter, zwei Kilo abzunehmen, statt 20.

Sie werden diese Fragen alle aus tiefster Überzeugung verneinen! Und warum? Weil Sie wissen, dass herausragende Leistung niemandem geschenkt wird, sondern nur durch Training, ständiges Üben und Weiterbildung erreicht werden kann. Weder Sportler noch Musiker oder Computerexperten hatten bestimmt immer Lust dazu, jeden Tag zu üben oder sich mit Ihrer Aufgabe zu beschäftigen. Doch sie tun es, weil Sie ein Ziel vor Augen haben, für das es sich lohnt, auch bei Sonnenschein einmal nicht ins Schwimmbad zu gehen und nicht vor dem Fernseher zu sitzen – sie haben ihren »inneren Schweinehund« besiegt.

Wenn Sie Ihren Zielen näher kommen wollen, müssen Sie es diesen Profis gleichtun. Freuen Sie sich darauf, abends noch den Sprechkurs zu besuchen, statt dies als lästige Pflicht anzusehen; nur so kommen Sie weiter.

Feedback einfordern

Sie fühlen sich unsicher, weil Sie nicht wissen, wie Ihre Tätigkeit bewertet wird? Dann fragen Sie einfach nach. Nur so können Sie herausfinden, wie Ihre Arbeit eingeschätzt wird.

Fragen kostet nichts

Kennen Sie diese Redensart? Stimmt das wirklich? Nicht immer! Manchmal kostet es schon eine Menge Überwindung, dem Chef

oder den Kollegen Fragen zu stellen. Sei es, weil Ihnen ein Sachverhalt momentan unklar erscheint, Sie nachhaken wollen oder um Feedback bitten. Viele Menschen haben Angst, durch Ihre Fragen als inkompetent oder unsicher dazustehen. Doch gerade dann, wenn Rückmeldungen und Bewertungen Ihrer Arbeit fehlen, müssen Sie diesen Mut fassen. Denn nur so können Sie wissen, ob Sie auf dem richtigen Weg sind und wie Sie weitermachen sollen.

Beispiel 1:

Ihr Vorgesetzter hat Ihnen ein wichtiges Projekt übertragen und nun wollen Sie wissen, ob Sie auf dem richtigen Weg sind. Wenn Ihr Chef von sich aus nicht um eine Mitteilung des Sachstandes bittet, sollten Sie Ihr Feedback einfordern. Machen Sie einen Termin mit ihm aus, bereiten Sie sich gut darauf vor und erläutern Sie ihm den bisherigen Projektverlauf. Zeigen Sie ihm dabei die möglichen Alternativen auf. Beziehen Sie Ihren Chef mit ein und fragen Sie nach, ob Sie mit Ihrer Einschätzung richtig liegen. Lenken Sie Ihren Chef so weit, dass er Ihnen konkrete Antworten gibt, auf die Sie sich verlassen können. Wenn Sie dies ganz sachlich tun, wird Ihr Vorgesetzter Ihnen dafür dankbar sein und Ihre Offenheit zu schätzen wissen. Im Gegenzug wissen Sie nun die Richtung und können motivierter weitermachen.

Wenn Ihr Chef allerdings nicht zu einem solchen Gespräch bereit ist, sollten Sie ihm ohne Aufforderung den Sachstand und Ihre Vorschläge schriftlich – als E-Mail oder Hausmitteilung – schicken und sich damit absichern.

Beispiel 2:

In Ihrer Firma arbeitet jeder vor sich hin, eine Abstimmung untereinander fehlt völlig. Dadurch hat es schon häufiger Probleme bei der Abwicklung von Aufträgen gegeben. Jeder schiebt dem anderen die Schuld zu und alle sind frustriert. Schlagen Sie vor, dass sich alle an den Projekten Beteiligten regelmäßig treffen, zum Beispiel alle ein oder zwei Wochen und sich abstimmen und den anderen Feedback geben. Durch diese Vernetzung werden alle Mitarbeiter effektiver und motivierter arbeiten.

Kritik richtig verstehen

Ein Einsiedler kann in seinem Häuschen hoch oben auf dem Berg wohnen und tun und lassen, was ihm gefällt, ohne Rücksicht auf andere nehmen oder Kritik einstecken zu müssen. Wir sind aber keine Einsiedler, sondern haben täglich mit Dutzenden von Menschen zu tun, die uns bewerten.

Kritik ist nicht gleich Kritik

Wir erhalten jeden Tag Kritik, ob gefragt oder ungefragt, ob angenehme oder unangenehme. Es gibt Menschen, die zu allen Dingen ihre Meinung sagen, anderen kann man diese nur schwer entlocken. Leider wird Kritik meistens als etwas Negatives verstanden, dabei soll sie im Idealfall lediglich eine sachliche Beurteilung sein, völlig losgelöst von persönlichen Angriffen oder Einschätzungen.

TIPP

Wie Ihre Frage bewertet wird, hängt davon ab, wie diese gestellt wird. Wer dabei plump ans Werk geht, gerät schnell ins Hintertreffen. Doch direkt darf die Frage trotzdem sein.

▸ Ab in den Papierkorb

Leider ist das nicht immer so und es gibt Menschen, die Kritik anderen gegenüber als Mittel einsetzen, um sich persönlich aufzuwerten. Diese Art der Kritik können Sie durchaus »in den Papierkorb werfen«, denn sie bringt Sie keinen Schritt weiter, sondern verunsichert und demotiviert Sie nur. Wenn Sie also den Eindruck haben, dass jemand sich auf Ihre Kosten gut darstellen will, sollten Sie einfach eine innere Blockade aufbauen und diese vermeintliche Kritik an Ihnen abprallen lassen; denn sie hat weder etwas mit Ihnen noch mit Ihrer Arbeit zu tun.

Konstruktive Kritik

Konstruktive Kritik ist eine Beurteilung, die laut Duden auf die Erhaltung, Stärkung und Erweiterung des Bestehenden gerichtet ist und aufbauend wirkt, beziehungsweise einen brauchbaren Beitrag leistet. Sie können also froh über jede konstruktive Kritik sein, die Sie bekommen. Denn Sie zeigt Ihnen, wo sie stehen und gibt Ihnen Möglichkeiten für den weiteren Weg. Ziehen Sie sich aus einer kritischen Anmerkung das heraus, was Sie für Ihre Tätigkeit und Ihre Ziele brauchen können und prüfen Sie anhand dessen, ob Sie auf dem richtigen Weg sind. Sie können dabei zu dem Schluss kommen, dass Sie genau das Richtige machen oder lieber umdenken sollten, um Ihre Planung zu realisieren. Wird konstruktive Kritik früh geäußert, kann Sie Ihnen durchaus Umwege und schmerzhafte Erlebnisse ersparen.

TIPP

Sehen Sie ehrlich geäußerte Kritik als Chance, eine Selbstbewertung vorzunehmen und Ihre Arbeit auf den Prüfstand zu stellen.

Beispiel:
Sie zeigen Ihrer Kollegin ganz stolz den von Ihnen erarbeiteten Projektablaufplan. Nach Prüfung Ihrer Unterlagen sagt sie Ihnen, dass Sie vollkommen anders an die Sache herangegangen wäre. Sie haben nun zwei Möglichkeiten: 1. Sie fühlen sich angegriffen, weil Ihre Kollegin nicht Ihrer Meinung ist, oder 2. Sie fragen nach, was Ihre Kollegin anders gemacht hätte.

Welche Möglichkeit bringt Sie weiter? Natürlich die zweite. Denn dadurch haben Sie die Chance, die Sichtweise Ihrer Kollegin kennen zu lernen. Vielleicht bringt Sie deren Ansatz zu einer völlig neuen Sichtweise des Projekts, sodass Sie einen noch besseren Lösungsweg finden. Vielleicht kommen Sie aber zu dem Schluss, dass genau der von Ihnen erarbeitete Lösungsansatz der richtige ist und sind nun noch überzeugter von Ihrer Leistung.

Auf Zwischentöne achten

Ihr Chef verreißt gerade Ihren Entwurf für das neue Projekt und lässt kein gutes Haar an der Sache? Sie sind jetzt vollkommen niedergeschlagen und glauben, bei ihm kein Bein mehr auf den Boden zu bekommen? Dann hören Sie einmal genauer hin, was er sagt!

Sachliches von Persönlichem trennen

Bezog sich die Kritik ausschließlich auf das Projekt? Verlangt Ihr Chef von Ihnen, einen neuen Vorschlag auszuarbeiten? Dann ist doch alles in Ordnung, denn grundsätzlich stimmt das persönliche Verhältnis zu ihm. Solange Ihr Chef lediglich das Ergebnis dieser einen Arbeit kritisiert, ist er mit Ihnen als Person zufrieden. Und wenn er Ihnen zutraut, die Sache besser zu machen, vertraut er auf Ihre fachlichen Fähigkeiten. Hätte Ihr Chef Sie persönlich angreifen wollen, hätte er Ihre gesamte bisherige Leistung heruntergeredet und würde Ihnen auch nicht zutrauen, einen neuen Vorschlag zu erarbeiten. Nehmen Sie die Kritik sachlich an und beziehen Sie sie auf keinen Fall auf sich persönlich.

Nicht alles auf die Goldwaage legen

Gehören Sie zu den Menschen, die jedes Aufbrausen, jedes Augenrollen und jedes laute Wort ihres Gegenübers persönlich nehmen? Machen Sie sich frei davon und nehmen Sie sich nicht so wichtig!

Auch andere haben Launen

Kennen Sie diese Situationen?

1. Sie bitten Ihren Kollegen, schnell ein Fax für Sie zu versenden und er winkt nur ab.

2. Sie wollen mit Ihrer Kollegin den Urlaub fürs nächste Jahr abstimmen und die antwortet: »Lass' mich zufrieden mit deinem blöden Urlaub!«

3. Sie wollen Ihrer Partnerin von Ihrem Tag im Büro erzählen und die fährt Sie nur an: « Dafür habe ich jetzt wirklich keine Zeit!«

4. Sie bitten Ihren Partner den Rasen zu mähen und der verzieht sich mit grimmiger Miene und einem Bier vor den Fernseher.

5. Sie bitten Ihre 15-jährige Tochter, der Oma den längst überfälligen Dankesbrief für die Weihnachtsgeschenke zu schreiben und ernten nur viel sagendes Augenrollen.

TIPP

Toleranz macht das Leben leichter! Versuchen Sie, sich in Geduld zu üben, denn jeder Mensch ist ein kompliziertes Wesen mit schnell wechselnden Stimmungen.

Wie reagieren Sie in diesen Momenten? Sind Sie dann ebenfalls sauer, weil Sie diese Reaktionen auf sich beziehen? Dann haben Sie es geschafft, die Ärger-Schraube ein gehöriges Stück weiter zu drehen. Denn die anderen reagieren auf Ihr Schmollen in gleicher Weise und falls es nicht zu einem handfesten Streit kommt, ist für die nächste Zeit auf jeden Fall eisiges Schweigen angesagt.

Wer jede Handlung seines Gegenübers auf die Goldwaage legt, kommt bald aus dem Grübeln nicht mehr heraus, ist frustriert und demotiviert. Jeder ist sich selbst der Nächste und deswegen dürfen Sie sich nicht so wichtig nehmen, wenn es um die Bewertung der Reaktionen anderer gegenüber Ihnen geht. Denn Sie können nie wissen, was dieser Reaktion vorausgegangen ist.

Überlegen Sie einmal:

Zu 1.: Vielleicht sind Sie schon der Siebte, der innerhalb von 15 Minuten bei dem Kollegen vorgesprochen und ihn um eine »Kleinigkeit« gebeten hat? Möglicherweise kommt Ihr Kollege deshalb mit seiner Arbeit nicht voran.

Zu 2.: Vielleicht hat Ihre Kollegin ja Probleme mit ihrem Freund, der im nächsten Jahr lieber allein auf Urlaubsreise gehen will?

Zu 3.: Vielleicht hatte Ihre Partnerin einen wirklich stressigen Tag hinter sich, wurde wegen der Kinder zum Schulrektor bestellt, musste dem Nachbarn erklären, warum Ihr Hund dessen Rosenbeet umgegraben hat und wurde vom Steuerberater dazu aufgefordert, endlich die Belege zusammenzutragen, was eigentlich Ihr Job gewesen wäre?

Zu 4.: Vielleicht hat Ihr Partner vorher einen alten Schulfreund getroffen, der ihm von seinem tollen Haus, seinen Autos und seiner Gartenanlage vorgeschwärmt hat, die von einem Gärtner gepflegt wird?

Zu 5.: Vielleicht hat Ihre Tochter gerade Liebeskummer und nun wirklich keinen Sinn dafür, der Oma für ihr Weihnachtsgeschenk zu danken?

Sicher war keine der genannten Reaktionen angemessen. Eine ehrliche Aussage, weshalb der jeweilige Moment für das Gewünschte nicht passt, hätte Missverständnisse vermeiden können. Doch haben Sie sich immer hundertprozentig im Griff und schaffen es, immer freundlich und gelassen zu sein? Sicher nicht. Und genau in diesen Momenten wünschen Sie sich doch auch, dass Ihr Gegenüber keine falschen Schlüsse aus Ihrem Verhalten zieht, oder? Legen Sie nicht alles auf die Goldwaage, dann wird Ihr Leben viel leichter!

Umgang mit Rückschlägen und Fehlern

Kennen Sie einen Menschen, der sein Leben lang nicht einen Rückschlag einstecken musste und keinen einzigen Fehler gemacht hat? Wenn ja, fragen Sie ihn doch bitte, ob er seine Erfolge richtig zu schätzen weiß, auch wenn er nicht um sie gekämpft hat.

Rückschläge machen stark!

Ein Boxer muss im Verlauf eines Kampfes einige heftige Schläge einstecken. Gibt er deswegen etwa auf? Auf keinen Fall, denn er sieht immer noch die Chance, als Sieger aus diesem Kampf hervorzugehen. Und wenn er doch verliert, wird er vom Gewinner noch vor der Preisverleihung eine Revanche verlangen. »Niemals aufgeben und immer an sich glauben«, das ist dabei die richtige Devise. Ein Siegertyp ist nicht der, dem alles in den Schoß fällt, sondern der, der nach einer Niederlage immer wieder aufsteht und weitermacht. Je fester Sie an Ihren Erfolg glauben, desto näher sind Sie ihm schon!

Rückschläge nicht persönlich nehmen

Ihr Kollege ist vor Ihnen befördert worden? Nehmen Sie es nicht persönlich und versuchen Sie herauszufinden, welche Leistung er einbringen konnte, die Sie noch verbessern müssen. Sehen Sie Rückschläge als Chance, an sich zu arbeiten und so Ihren Zielen näher zu kommen. Rückschläge können ein effektiverer Ansporn und langfristig Gewinn bringender sein als eine schnell erworbene Gehaltserhöhung.

Rückschläge als Chance sehen

Kennen Sie auch die Situation: Sie stehen im Stau auf der Autobahn und wissen, dass Sie noch mindestens eine Stunde auf der Stelle ausharren müssen, bis es weitergeht. Gehören Sie auch zu

MERKE: Einen Fehler zu machen kann jedem passieren, denselben Fehler zweimal zu machen muss nicht sein! Aus Fehlern kann man lernen und sie als Chance sehen, es das nächste Mal besser zu machen. Fehler können Ihnen den richtigen Weg weisen.

den Menschen, die dann bei der nächsten Abfahrt die Autobahn verlassen und versuchen über die Landstraße einen anderen Weg zu finden, auch wenn Sie dadurch nicht schneller ans Ziel kommen werden. Vielen ist es einfach lieber, etwas zu unternehmen, als auf der Stelle zu treten – und genau da bietet sich Ihre Chance. Die Landstraße – eigentlich ein Umweg – bietet Ihnen die Chance, völlig neue Wege zu erkunden und dabei viele interessante Dinge zu entdecken.

Beispiel:

Vielleicht gehören Sie wie der 45-jährige Herr Gerhard zu denjenigen, die aufgrund der schleppenden Wirtschaftslage von Arbeitslosigkeit bedroht sind. Bei Herrn Gerhard scheint alles zu stimmen: Qualifikation, Berufserfahrung und Ehrgeiz. Dennoch befindet er sich aufgrund der negativen beruflichen Aussichten in einer demotivierten Phase. Nach einigen Überlegungen und Gesprächen in der Familie und im Freundeskreis sieht Herr Gerhard diese Situation als Chance, neue Wege zu

TIPP

Es geht immer wieder eine neue Tür auf. Halten Sie deswegen Ihre Augen für neue Chancen offen.

gehen und sich beruflich umzuorientieren. Er erfährt durch ein Coaching, dass seine Geschäftsideen – Firmennetzwerke extern einzurichten und zu betreuen – durchaus auf dem nationalen Markt bestehen können. Mit dieser Geschäftsidee umgeht Herr Gerhard auch das Risiko einer zu hohen Kreditverpflichtung: Er agiert nach Firmenwünschen, löst also Bestellungen erst nach Auftragseingang aus.

Stehen Sie zu Ihren Fehlern

Wer arbeitet, macht auch Fehler – so einfach ist das! Es gibt niemanden, der frei davon ist. Wichtig ist nur, wie Sie mit Ihren Fehlern umgehen.

Wer seine Fehler vertuscht und Angst vor deren Entdeckung hat, macht den schlimmsten Fehler von allen – und zwar einen, der nur schwer verziehen wird. Denn durch die Verheimlichung eines Fehlers können dutzende weitere folgen, die erst gar nicht hätten passieren müssen. Stellen Sie sich einen Architekten vor, der bei der Planung eines Einkaufszentrums die Statik falsch berechnet. Er bemerkt den Fehler noch vor Baubeginn, verheimlicht ihn aber aus Angst um seinen guten Ruf in der Hoffnung, dass nichts passieren wird. In der Nacht vor der Eröffnung bricht der neue Prunkbau wie ein Kartenhaus zusammen. Wie ist es nun um den Ruf des Architekten bestellt? So schnell wird er keinen Auftrag mehr bekommen! Wer zu seinen Fehlern steht und Alternativen anbietet, gewinnt stattdessen an Format, auch wenn er kurzfristig viel Überwindung und Kraft benötigt, um den Fehler zu beheben.

Fazit

- Überdenken Sie Ihre Grenzen und prüfen Sie, ob diese starr sind oder nur in Ihrem Kopf bestehen und durchaus überwunden werden können.

MERKE: **Wenn Sie beruflich im Stau stehen, sollten Sie versuchen, eine »Landstraße« zu finden, die Ihnen neue Wege bietet. Aus dieser neuen Perspektive ergeben sich vielleicht ungeahnte Möglichkeiten, die Sie Ihrem Ziel viel näher bringen, als der direkte Weg über die »Autobahn« es je vermocht hätte.**

- Verlassen Sie eingefahrene Gleise und versuchen Sie auch einmal über Ihren eigenen Tellerrand hinaus zu schauen.
- Demotivieren Sie sich nicht durch Vergleiche mit augenscheinlich erfolgreicheren Menschen oder unerreichbaren Vorbildern.
- Ergreifen Sie die Initiative und signalisieren Sie, dass Sie bereit sind, Verantwortung zu übernehmen.
- Ändern Sie Ihren Blickwinkel und versuchen Sie, auch an unliebsame Aufgaben positiv heranzugehen.
- Genießen Sie Ihr Leben: Erfreuen Sie sich auch an den kleinen Dingen und feiern Sie Ihre Erfolge.
- Verbessern Sie Ihr persönliches Zeitmanagement und nutzen Sie die damit gewonnene Zeit für Ihre beruflichen und privaten Ziele.
- Nutzen Sie unvorhergesehene Ereignisse zur Erreichung Ihrer langfristigen Ziele.
- Sorgen Sie dafür, dass Ihre Leistungen genügend Aufmerksamkeit erhalten.
- Ziehen Sie sich auch bei heftiger Kritik nicht in Ihr Schneckenhaus zurück, sondern filtern Sie das für Sie persönlich Nützliche heraus.
- Lassen Sie sich nicht von einem negativen Umfeld demotivieren und herabziehen.

Gefahr Übermotivation

Der Wunsch, seine Ziele zu erreichen, kann einen fast in einen Rausch versetzen und man läuft Gefahr, übermotiviert zu sein. »Was kann denn daran falsch sein?«, werden Sie jetzt vielleicht fragen. Doch so notwendig die richtige Motivation auch ist, um vorwärts zu kommen, kann Übermotivation Ihnen viele Probleme bereiten.

Die eigenen Werte vergessen

Es gibt immer wieder Menschen, die sich so sehr in die Verwirklichung Ihrer Ziele verbissen haben, dass nur noch diese Ziele Bedeutung haben. Teamgeist bleibt dabei schnell auf der Strecke und in dem Bestreben, von allen am besten dazustehen, greift der eine oder andere dann vielleicht zu unfairen Mitteln, statt seine Ziele durch Leistung zu erreichen. Das klassische Beispiel ist der Fußballspieler, der sich nur mit üblen Fouls nach vorne kämpft, statt seine Dribbelkünste unter Beweis zu stellen. Wenn der Schiedsrichter den Fußballspieler dabei erwischt, fliegt dieser gnadenlos vom Spielfeld – und auch Sie werden schnell Außenseiter sein, wenn Sie nicht nach Ihren Werten handeln.

Sich verzetteln

Wer zu perfekt sein will, sich um alles selbst kümmern möchte und Angst hat, dass Mitarbeiter delegierte Aufgaben nicht zur Zufriedenheit erledigen können, wird sich schnell in seiner Arbeit verzetteln. Wer zu sehr ins Detail geht, wird sich bald im Wust von Informationen verlieren und kann Wichtiges von Unwichtigem nicht mehr unterscheiden. Die Folge ist, dass das Zeitmanagement vollkommen aus dem Ruder läuft, Termine nicht eingehalten werden können und darunter die Selbst- und Fremdwahrnehmung leiden. Teilen Sie sich Ihre Aufgaben nach dem Eisenhower-Schema ein (Seite 30f) und vergessen Sie nicht, dass Sie mit etwa 20 Prozent des Einsatzes 80 Prozent des gewünschten Ergebnisses erreichen können.

Der Burn-out

Wenn Sie ständig nur an der Erreichung Ihrer Ziele arbeiten und sich keinen Spielraum für Freizeit und Ablenkung lassen, werden Sie bald mit Ihren Kräften am Ende sein: Wer viel arbeitet, erreicht viel – wer zu viel arbeitet, erreicht weniger! Hat Ihr Körper keine Möglichkeit, seine Energiereserven aufzufüllen, wird er irgendwann streiken. Mit Abgeschlagenheit und Ideenlosigkeit fängt es an und kann beim Herzinfarkt enden. Vergessen Sie nie: Ihr Körper und Ihr Geist sind Ihr wichtigstes Kapital – pflegen Sie es gut!

Die Familie bleibt auf der Strecke

16 Stunden täglich im Büro, noch drei Stunden zu Hause arbeiten und die Wochenenden sind auch schon mit Arbeit verplant – wer denkt, so glücklich zu werden, liegt falsch. Die beruflichen Ziele mögen dadurch vielleicht erfüllt werden, doch Familie und Freunde bleiben dabei auf der Strecke und irgendwann stehen Sie allein da. Können Sie sich dann noch an Ihrem Erfolg erfreuen? Wohl kaum.

Richtig Gespräche führen

Sprache gehört zu unserem täglichen Leben – und einige Menschen sprechen vielleich sogar die meiste Zeit des Tages. Nicht immer sind dies Gespräche mit beruflichem Charakter, häufig ist es einfach nur Small Talk mit dem Briefträger, der Kassiererin oder der Nachbarin. Aber immer senden wir Informationen, die einen Empfänger – welcher Natur auch immer – erreichen.

Das optimale Gespräch

Angenommen, wir treffen klare Aussagen, unser Gesprächspartner schenkt uns seine gesamte Aufmerksamkeit und die Situation ist »neutral«, das heißt es liegen keine Streitpunkte, Missverständnisse oder Zeitnöte vor. Wären diese Voraussetzungen erfüllt, gäbe es kein Problem, ein effektives und für beide Seiten positives Gespräch zu führen – leider stellt diese Konstellation jedoch eine Ausnahmesituation dar.

Die Realität sieht anders aus

Überlegen Sie einmal, wie oft Sie Ihrem Gesprächspartner Ihre gesamte Aufmerksamkeit schenken, ohne von anderen Gedanken abgelenkt zu sein? Gerade im Privatleben stellt sich dieses Problem sehr oft und birgt ein großes Konfliktpotenzial. Wie ist es, wenn Sie nach einem anstrengenden Arbeitstag nach Hause kommen und am liebsten in Ruhe etwas essen und dann in Ruhe entspannen möchten? Doch an Relaxen ist nicht zu denken, denn Sie werden vielleicht schon seit geraumer Zeit erwartet: Ihr jüngstes Kind

TIPP

Versuchen Sie auch in stressigen Situationen den Überblick zu wahren und Prioritäten zu setzen!

möchte Ihnen von den Erlebnissen im Kindergarten erzählen, Ihr ältestes bringt eine Fünf in Mathe nach Hause und ist am Boden zerstört. Ihre Frau drängt auf die Reparatur des Abflusses und gleichzeitig klingelt das Telefon; Ihre Mutter meldet sich am anderen Ende und klagt, dass Sie sich nicht oft genug melden würden.

Sind Sie in solchen Situationen in der Lage, jedem Ihrer Gesprächspartner Ihre volle Aufmerksamkeit zu schenken? Es scheint an kommunikative Akrobatik zu grenzen, mit allen Sinnen und überall vollkommen dabei zu sein.

TIPP
Mit Klarheit und Eindeutigkeit liegen Sie vorne!

Wie oft befinden Sie sich auf »neutralem Boden«, das heißt, es liegt kein enger Zeitplan vor, Sie sind Ihrem Gesprächspartner gegenüber offen eingestellt und kommen gemeinsam schnell zu einem Konsens, mit dem beide zufrieden sind? Sicherlich kennen Sie auch solche sehr positive Situationen, aber dennoch kommen sie in unserem Alltag, beruflich wie auch privat, viel zu selten vor.

Missverständnissen vorbeugen

»Das war doch ganz anders gemeint«, oder »Sie haben mich vielleicht nicht richtig verstanden« – kommen Ihnen diese Aussagen bekannt vor? Sie kennzeichnen eine Reihe von Statements, die schon fast zu unserem täglichen Sprachgebrauch gehören. Viel-

MERKE: Selbst- und Fremdwahrnehmung und der Einsatz nonverbaler Kommunikationsmittel sind wichtige Gesprächsfaktoren. Zusammen mit der Sprache ergeben Sie Instrumente, die Macht über den Gesprächspartner ausüben können. Um positiven Input zu erhalten und ein für beide Seiten befriedigendes Gespräch zu führen, muss man diese mächtigen Instrumente fair einsetzen.

leicht erscheinen auch Ihnen diese Aussagen als sehr gebräuchlich, vielleicht lohnte es sich auch bislang nicht, darüber nachzudenken. Sicherlich ist dies auch ein vertretbarer Standpunkt – nicht alles im Leben muss hinterfragt werden, zudem ist dies natürlich auch Charakter- und Einstellungssache eines jeden Einzelnen.

Geht es aber um den Zusammenhang von Kommunikation und Motivation, sollten Sie sich Gedanken darüber machen, welchen Ursprung diese Aussagen haben und wie es dazu kommt. Es liegt auf der Hand, dass in diesen Fällen immer ein Missverständnis vorliegen muss, ansonsten bräuchten wir nicht im Nachhinein einen Hinweis darauf zu geben, dass man das Gesagte doch in einem ganz anderen, von der Situation vielleicht abweichenden Zusammenhang gemeint hat.

Äußerlichkeiten bedenken

Hätten Sie schon einmal Ihr Gegenüber gern angesprochen, haben sich aber nicht getraut, weil dieser einen verschlossenen Eindruck gemacht hat? Sie wollten ihn eben bei seiner Arbeit nicht »stören«? Oder waren auch Sie schon einmal so in einen Sachverhalt vertieft, dass Sie Ihrem Gegenüber den Eindruck vermittelt haben, anderweitig beschäftigt oder nicht aufnahmebereit zu sein? Manchmal täuscht jemand auch bewusst eine intensive Beschäftigung mit anderen Dingen vor, um nicht angesprochen zu werden.

TIPP

Lassen Sie sich von Äußerlichkeiten nicht zu sehr beeinflussen. Versuchen Sie hinter die »Kulisse« zu schauen.

Oftmals deuten wir Gestik und Mimik der anderen falsch, ziehen falsche Schlüsse und trauen uns nicht mehr, unser Anliegen frei vorzubringen. Zur nonverbalen Sprache gehören neben Gestik und Mimik auch Körperhaltung, Blickkontakt und Kleidung. Alle diese Dinge tragen unterbewusst meist noch mehr als das gesprochene Wort dazu bei, wie Menschen aufeinander wirken.

Die Gesprächspartner

Eine Frage, die bei jeder Kommunikation auftaucht und besonders betrachtenswert erscheint, ist die Bewertung des Gesprächspartners. Wen habe ich vor mir? Was erwartet mein Gegenüber von mir? Ist er mir gleichgestellt, mein Mitarbeiter oder mein Vorgesetzter? Ist es ein beruflicher Kontakt oder handelt es sich um ein Mitglied meiner Familie?

Das Gegenüber vorab einschätzen

An diese Grundsatzfrage schließt sich gleich die nächste Überlegung an, von der sich kein Mensch freisprechen kann: die Frage nach der Gesinnung des Gegenübers. Mit dem Begriff Gesinnung ist nicht das Parteibuch oder etwa die Kirchenzugehörigkeit gemeint, sondern einfach die Frage nach möglicherweise zusammenpassenden Hobbys, Ansichten, gemeinsamen Bekannten, einer Liebe zu einer Stadt oder einem Land – im Grunde Gemeinsamkeiten, mit denen man bei einem Gespräch durch Small Talk schnell auf einen Nenner kommen oder bestimmte Hürden überwinden kann.

Vielleicht aber stimmen Ihre Einstellung und Ihre Lebensweise gar nicht mit denen Ihres Gegenübers überein? Auch das sollte kein Problem sein, denn durch Ihre Einschätzung können Sie zumindest Reizthemen vermeiden und ausschließen.

Nun haben wir es aber gerade im beruflichen Verhandlungsbereich oftmals mit ganz neuen, unbekannten Partnern zu tun. Etwas Menschenkenntnis und vor allem Diplomatie sind die Instrumente, um Ihnen den Weg – zumindest den Anfang des Gesprächs – zu bereiten. So können Sie mit einem gehörigen Maß an Diplomatie den Gesprächsanfang einleiten. Gerade die Aufgabe, mit neuen Partnern Gespräche und Verhandlungen zu führen, erfordert Ihre ganze Feinfühligkeit, Ihren Teamgeist, Ihre Kommunikationsfähigkeit: im Grunde von allen Soft Skills einen kleinen Beitrag.

Beispiel:

Denken Sie sich in ein Vorstellungsgespräch. Sie möchten die ausgeschriebene Position unbedingt bekleiden; eventuell drängt die Zeit auch etwas, da Sie in Ihrer jetzigen Firma aufgrund der Wirtschaftslage keine Zukunft mehr für sich sehen und sich schnellstens verändern möchten und vielleicht auch müssen.

Da Sie zu diesem Interview eingeladen wurden, haben Sie die erste Runde schon geschafft – Sie gehören zu dem auserwählten Kreis der Interessenten, die es wert sind, persönlich zu erscheinen. Sie sind hoch motiviert – je entschiedener Sie diesen Job erhalten möchten, desto motivierter werden Sie die Sache angehen.

Wenn Sie noch etwas auf Ihr Gespräch warten müssen, machen Sie sich bestimmt schon Gedanken, wie das vor Ihnen liegende Interview ausgehen wird, welche Fragen Sie zu beantworten haben und mit welchen Menschen Sie zusammenkommen. Dann werden Sie in das Besprechungszimmer geführt. Sie sehen einen langen Tisch und auf einer Seite sitzen fünf Manager. Ihnen wird der »einsame« Platz auf der gegenüberliegenden Seite zugewiesen – allein schon die Sitzordnung hat etwas Bedrohliches. Im Grunde genommen kein ungewöhnlicher Gedanke, aber bedenken Sie einmal den Grund dieser Sitzordnung: Könnte es sein, dass auch von den gegenübersitzenden Interviewern niemand den Mut hatte, einen anderen Sitzplatz zu wählen? Somit relativiert sich diese Situation schon von Anfang an.

MERKE: Ganz unabhängig vom Inhalt eines Gesprächs und den Eigenarten Ihrer Gesprächspartner sollten Sie immer sachlich argumentieren sowie offen und freundlich bleiben. Dann erreichen Sie einen effektiven Abschluss und bleiben in positiver Erinnerung.

Wir gehen davon aus, dass Ihre Qualifikation genau den Vorstellungen der Firma entspricht. Nun kommt es auf Ihren persönlichen Eindruck an, der in diesem Gespräch getestet werden soll. Mit Sympathie, Offenheit, Kommunikationsstärke und einigen Hard Skills an der richtigen Stelle werden Sie positiv auch aus einer scheinbar schwierigen Situation herausgehen. Und dies, obgleich Sie die Personen nicht kennen und nicht wissen können, ob Sie mit einem der Herren oder Damen etwas gemeinsam haben. Die Kunst liegt darin, sich auf eine solche Situation einstellen zu können – und die Erwartungen der Gegenseite abzuschätzen.

TIPP
Haben Sie sich bereits im Vorfeld auf die Erwartungen der Gesprächspartner eingestellt, gehen Sie mit mehr Selbstsicherheit in ein Gespräch.

Die Gesprächsvorbereitung

Gut vorbereitet ist halb gewonnen. Was fast überall Anwendung findet, bewährt sich auch oder gerade in der Kommunikation. Wer gut informiert ist und sich gut vorbereitet hat, schafft einen Vorsprung gegenüber anderen. Denn er hat sich zumindest gedanklich einen Leitfaden erstellt, mit dem er gerade an kritische Themen leichter herangehen kann.

Auf den Inhalt einstimmen

Machen Sie sich noch einmal über den Inhalt des kommenden Gesprächs Gedanken. Was möchten Sie mit diesem Gespräch erreichen? Was stellt die Zielsetzung dieses Meetings dar? Mit welchen Ergebnissen möchten Sie dieses Gespräch abschließen?

Auf den Gesprächspartner einstimmen

Überdenken Sie kurz vorher noch einmal, wen Sie warum eingeladen haben. Sollten alle Beteiligten anwesend sein oder ein bestimmter Personenkreis? Gerade wenn Sie in dem Gespräch Überzeugungsarbeit leisten müssen, ist Ihre Einschätzung Ihrer Gesprächspartner sehr hilfreich und oftmals notwendig. Stellen Sie sich vor, Sie möchten Ihren Geschäftsführer von einer neuen Produktionsidee überzeugen; Sie haben Ihre Hausaufgaben gemacht, gehen bestens vorbereitet in dieses Meeting; aber leider haben Sie eines vergessen: Sie haben sich keine Gedanken über den Menschen gemacht, der hinter der Position des Geschäftsführers steht. Im Klartext: Sie wissen nicht, auf welche Informationen es ihm ankommt, in welchen Situationen oder auf welche Reizwörter oder Zusammenhänge er positiv oder negativ reagiert. Sicherlich sollte dies Sie nicht dazu verführen, sich voll und ganz nur auf den Charakter Ihres Gegenübers einzustellen; dennoch sollten Sie gerade die Kenntnis über seine Soft Skills in Ihre Überzeugungsarbeit mit einbeziehen.

TIPP
Orientieren Sie sich an persönlichen Gesprächen! Sie sind effizienter als alle Kommunikationen über Telefon oder auch E-Mail!

Störquellen ausschalten

Innerhalb eines kritischen Mitarbeitergesprächs sind zum Beispiel Telefonate oder unangemeldeter Besuch sehr störend und können Sie vom Thema abbringen.

Klarheit geben

Versetzen Sie sich in die Position Ihrer Gesprächspartner. Was erwarten Sie von einem Gespräch, wie sollte es vonstatten gehen? Sind alle Teilnehmer darüber informiert, was überhaupt besprochen wird? Die Inhalte des kommenden Gesprächs sollten Sie gleich bei der Gesprächseröffnung klären und eindeutig nennen, auch wenn Sie dies vielleicht schon in Ihrer Einladung getan haben. Hierzu gehören Anlass, Ziel und Dauer des Gesprächs. Eine einleitende Wiederholung dieser Punkte verleiht Ihrem Gespräch eine professionelle Struktur.

Die Gesprächsatmosphäre

Eine positive, möglichst motivierende Atmosphäre in einem Gespräch zu schaffen, sollte Aufgabe eines jeden Gesprächsteilnehmers sein. Um Ihnen etwas Werkzeug an die Hand zu geben, haben wir eine Auflistung der leider häufig anzutreffenden Fehler im Gespräch aufgelistet:

▸ Angriffe und Drohungen aussprechen

Niemand möchte gerade in Entscheidungssituationen in die Enge getrieben werden. Unter solchen Umständen getroffene Beschlüsse tragen ganz sicher nicht dazu bei, dass beide Parteien zufrieden aus dem Gespräch gehen können.

▸ Gesprächspartner vorab ungenügend informieren

Informieren Sie Ihre Partner schon bei der Terminfindung über den Inhalt des Meetings so, dass alle Teilnehmer sich vorbereiten können. Das ist die Basis für eine effektive Besprechung, die allen Partnern Nutzen bringt.

▸ Unaufmerksam sein

Unaufmerksamkeit bedeutet Unhöflichkeit und erzeugt oftmals Missverständnisse. Versuchen Sie, auch bei für Sie vielleicht irrelevanten Themen Ihrem Gegenüber Aufmerksamkeit zu schenken, ihm zuzuhören und seinen Input nicht sofort als unwichtig darzustellen – Letztgenanntes würde zur Demotivation Ihres Partners führen und Sie kommen keinen Schritt weiter.

▸ Sich selbst zu wichtig nehmen

Widerstehen Sie der Versuchung zu belehren, sich selbst und Ihre Arbeit zu positiv darzustellen oder zu viel Tempo zu machen. Lassen Sie Ihrem Gegenüber etwas Spielraum, auch wenn es für Sie bedeutet, dass Sie zurückstecken müssen. Somit geben Sie ihm die Möglichkeit sich zu öffnen und vielleicht auch mehr Informationen preiszugeben.

▸ Keine Agenda vorbereitet

Hüten Sie sich vor unstrukturierten Gesprächen; sie können Desinteresse und Durcheinander erzeugen. Sie haben die Fäden in der Hand und sollten über einen genauen Ablaufplan verfügen.

▸ Unsachlich reagieren

Verlieren Sie nicht die Fassung, auch wenn Ihr Gesprächspartner Sie mit seinen Äußerungen auf die Palme bringen möchte; vielleicht steckt dahinter seine Strategie, die er testen möchte. Bleiben Sie immer sachlich und lassen Sie sich nicht zu heftigen Wortgefechten hinreißen; dies wirkt immer unprofessionell.

▸ Keine Stellung beziehen

Locken Sie die Teilnehmer charmant aus der Reserve, die nur als stille Beobachter in der Runde sitzen, kein Wort sagen und vielleicht unmutig dreinblicken. Dahinter kann sich eine Strategie verstecken: Möglicherweise äußern diese Blockierer erst nach der Besprechung ihre Meinung und können je nach Einfluss das Projekt gefährden.

Schritt für Schritt

Zugegeben, vielleicht sind diese aufgezeigten Fehlerquellen anfangs schwierig auszuschalten – zu leicht verfällt man in gewohnte Reaktionen. Versuchen Sie Schritt für Schritt vorzugehen, indem Sie sich einzelne Punkte vornehmen und diese umsetzen. Sie werden erfahren, dass Sie so Ihre zukünftigen Gespräche effektiver und angenehmer gestalten können. Dennoch sollte ein jedes Teammitglied daran interessiert sein, an der positiven Gestaltung der Gesprächsatmosphäre mitzuarbeiten – wie viel leichter und fröhlicher ist der eigentliche Arbeitsauftrag dann zu erbringen!

TIPP

Erfrischungen, Kaffee und das obligatorische Gebäck schaffen eine entspannte Atmosphäre und zeigen dem Gegenüber Ihre Aufmerksamkeit!

Die Gesprächsstrategie

»Wer nicht weiß, wohin er will, landet meist dort, wo er nicht hin wollte«, so lautet ein Sprichwort. Versuchen Sie möglichst mit konkreten Zielen in ein Gespräch zu gehen. Diese Ziele lassen sich auch in Einzelziele aufteilen, wenn sich herausstellt, dass Sie dadurch besser an Ihr Hauptziel kommen können. Die Taktik der Einzelziele lässt sich insbesondere bei komplexen Arbeitsabläufen und Aufgaben einsetzen. Sie bietet sich aber auch an, wenn Sie Gegner haben. So laufen Sie nicht Gefahr, Ihr Gegenüber zu überrumpeln oder sich zu verzetteln, sondern arbeiten sich Schritt für Schritt an die Verwirklichung Ihres Zieles heran.

Gesprächstypen festlegen

Wichtig für die Gesprächsvorbereitung ist die Frage: Welches Gespräch ist zu führen? Machen Sie sich die Art des Gesprächs klar und bestimmen Sie die Inhalte entsprechend.

▶ Informationsgespräch, neutrales Gespräch

Sie möchten Informationen weitergeben und erhalten, das heißt im Gespräch Geben und Nehmen kombinieren. Von Ihnen wird dann geduldiges und aktives Zuhören verlangt. Zudem haben Sie die Aufgabe das Gespräch durch Fragen zu führen. Hier sind Sie es, die das Ruder in der Hand halten!

▶ Überzeugungsgespräch

Um eine Zielvereinbarung zu treffen, möchten Sie andere von Ihrer Meinung überzeugen. Im Gegenzug dazu sind Sie aber auch bereit, Ihre Meinung anzupassen. Hierbei sollten Sie sich auf Ihren Partner konzentrieren: Können Sie aus dessen Sicht argumentieren? Welche Vor- und Nachteile bietet seine Argumentation? Versuchen Sie, Einwände als eigene Argumente aufzugreifen!

Möglicher Ablauf eines Gesprächs

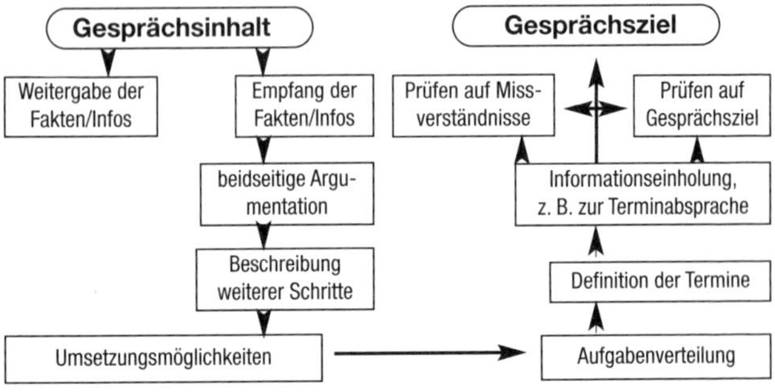

Der dargestellte Ablauf eignet sich zum Beispiel für Projektgespräche bei denen Daten (etwa Termine) abgestimmt werden.

▸ Lob, anerkennende Worte

Loben Sie, wenn es angebracht ist. Leider erfahren viele Menschen das Geschenk des Lobes oder Komplimentes viel zu selten; gerade aber ein Gespräch aufgrund einer sehr guten Arbeit zu führen, motiviert Ihr Gegenüber und spornt zu weiteren Leistungen an. Hierbei ist es irrelevant, ob Sie selbst Personalverantwortung tragen oder ob Sie einen Kollegen loben –, dass Sie sich für dieses positive Feedback Zeit nehmen, stärkt Sie in Ihrer Position.

▸ Kritikgespräch

Sicherlich die unangenehmste Gesprächsart, die Sie sich vorstellen können. Nehmen wir an, ein Kollege oder Mitarbeiter lässt in seiner Arbeitsleistung derart nach, dass Sie, um einen weiteren Schaden des Unternehmens zu verhindern, ein solches Gespräch führen müssen. Versuchen Sie das Problem direkt anzusprechen, verniedlichen Sie den Tatbestand nicht, auch wenn Ihnen dieses Thema unangenehm ist. Lassen Sie aber auch Ihr Gegenüber zu Wort kommen, hier ist es Ihre Aufgabe seine Argumente auf Sachlichkeit zu prüfen und zu bewerten. Vor allen Dingen aber: Versuchen Sie mit Ihrem Gegenüber eine gemeinsame Lösung zu erarbeiten, Wege zur Lösung zu finden. Schließen Sie das Gespräch positiv, das heißt mit einer Ermutigung, ab.

TIPP
Die gemeinsame Lösung ist das Ziel, nicht das Austauschen von Kritikpunkten!

Die richtigen Worte

Sicherlich kennen Sie das Sprichwort: »Der Ton macht die Musik«. Den richtigen Ton zu treffen, die richtigen Fragen zum richtigen Zeitpunkt zu stellen, ist schon beinahe eine Kunst. Möglicherweise haben Sie sich selbst auch schon einmal unbewusst im Ton vergriffen, die falschen Worte gewählt, ohne dass es Ihnen in diesem Moment bewusst war? Den meisten Menschen ist dies schon oftmals passiert, sei es aus Gedankenlosigkeit, selbstverständlicher Annahme über das jeweilige Gegenüber oder einfach nur zeitlichen Stresssituationen – wir können nicht in jedem Moment unseres Lebens – beruflich wie auch privat – immer nur Treffer mit unserer Kommunikation landen.

Richtig fragen

Doch wie können Sie an Ihrer eigenen Kommunikation arbeiten und sie verbessern? Fangen wir mit den unterschiedlichen Frageformen an, die einen großen Einfluss auf die Gesprächsführung, auf Ihre und die Motivation Ihres Gegenübers haben.

TIPP

Ein gut geführtes Gespräch ist wie ein Tennismatch, bei dem man sich die Bälle zuspielt.

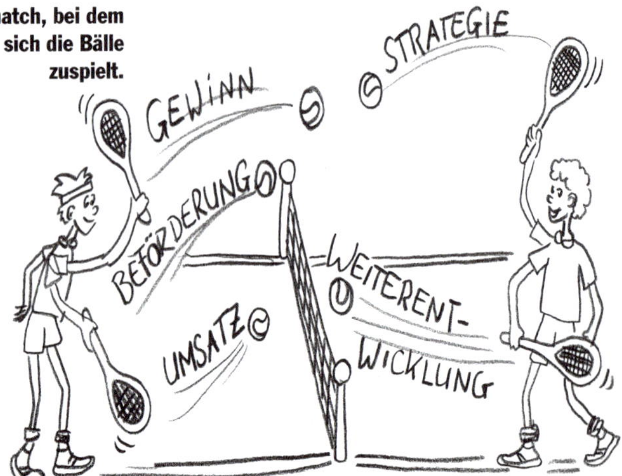

Offene Fragen

»Wie sehen Sie die Einsatzmöglichkeiten des neuen Produktes?« Offene Fragen sind gerade zu Beginn eines Gespräches angebracht; sie ermöglichen es in ein Thema einzusteigen, bringen Informationen zusammen und ermutigen Ihr Gegenüber sich frei über dieses Thema zu äußern.

Geschlossene Fragen

»Haben Sie schon Kontakt zu unseren potenziellen Kunden in den Niederlanden aufgenommen?« Diese Fragen ermöglichen meist nur eine bejahende oder verneinende Antwort und konzentrieren das Gespräch auf Entscheidungen oder schnell abzuhakende Punkte. Häufig werden diese auch in Verkaufsshows eingesetzt, immer mit dem Hintergrund, dem Gesprächspartner eine Motivation zum Kauf der Dinge an die Hand zu geben. Wenn zum Beispiel Appartements im Süden verkauft werden sollen, werden oftmals folgende Fragen gestellt: »Machen Sie gerne Urlaub?«, »Wäre es nicht schön für Sie, ein Domizil im Ausland zu besitzen?« Es fällt leicht, alle diese Fragen mit »Ja« zu beantworten. Ziel ist hier nämlich die steigende Herausforderung der Fragen. Die Steigerung bewirkt eine positive Grundstimmung beim Befragten, die potenziellen Käufer werden zu echten Interessenten.

TIPP

Richtig Fragen zu stellen ist eine Kunst. Versuchen Sie aktives Nachfragen auch in privaten Unterhaltungen einzuüben.

Suggestivfragen

»Es liegt doch auch in Ihrem Interesse, dass wir mit Produkt ABC noch mehr Umsatz erzielen und damit das Unternehmen trotz schwacher Wirtschaftslage nach vorne bringen?« Hierbei ist der Fragende selten an der Meinung seines Gesprächspartners interessiert, vielmehr möchte er ihn motivieren, das heißt letztendlich manipulieren.

Motivation inklusive

Welche Frageformen Sie auch immer einsetzen möchten, vergessen Sie niemals den Aspekt der Motivation, der positiven Formulierung, unabhängig wie unangenehm Ihnen das gerade anstehende Thema auch ist. Auch negative und/oder belastende Themen lassen sich durch positive Formulierungen neutraler gestalten, sodass Ihr Gesprächspartner nicht mit hängendem Kopf das Büro verlassen muss.

Feedback einfordern und geben

Vielleicht haben Sie diese Aufforderung auch schon einmal bekommen: »Gib mir doch bitte einmal Feedback« oder »Ich warte auf ein Feedback von Ihnen«? Mittlerweile ist dieser Begriff »Feedback« so verbreitet, dass viele Menschen diesen im Grunde zweckentfremden oder verfälschen. »Feedback« im weiteren Sinne signalisiert im Grunde nichts anderes als das Bedürfnis Ihres Gegenübers nach einer Meinung, zum Beispiel über ein Projekt oder eine private Angelegenheit. Mit »Feedback« im beruflichen Alltag dagegen ist Folgendes gemeint: eine Mitteilung an eine Person, die diese Person darüber informiert, wie ihre Verhaltensweisen von anderen wahrgenommen und verstanden werden. Das mögliche Maß und die Wirksamkeit des Feedbacks werden weitgehend bestimmt vom Maß des Vertrauens in der Gruppe und zwischen den jeweils betroffenen Personen.

Fairness geht vor

Bitten Sie doch einmal Ihren Kollegen um ein Feedback Ihrer Arbeit oder Herangehensweise an eine Herausforderung. Vielleicht haben Sie aber auch die Möglichkeit ein eigenständiges Projekt zu führen. Sicherlich sind Sie dann interessiert, die Meinungen Ihrer Kollegen und Vorgesetzten über dessen Abwicklung zu erfahren. Dies kann mündlich im Anschluss an eine Veranstaltung oder auch schriftlich nach ein paar Tagen erfolgen. Dann können sich erste Eindrücke verfestigen und Sie geben Ihren Mitstreitern die Möglichkeit, die Erfahrungen erst einmal zu verdauen und Ihnen dann ein Feedback beziehungsweise Resümee zu geben.

Sie werden überrascht sein, welche Ergebnisse ein solches Feedback liefern kann, vorausgesetzt, Ihre Kollegen oder Freunde betreiben diese Aufgabe ernsthaft und vor allem fair. Für Sie gilt diese Fairness natürlich ebenso. Geben Sie Ihrem Kollegen auch unaufgefordert Feedback, wenn Sie es für angebracht halten und es der Situation entspricht. Befragen Sie ihn aber vorab, ob er damit einverstanden ist, nur so können Sie sichergehen, dass er offen für Ihre Rückmeldung ist. Welche Instrumente Sie bei diesen Übungen einsetzen können, wie Sie einen Nutzen für beide Seiten dabei erzielen und erhalten können, werden wir in dem nächsten Kapitel noch eingehender beschreiben.

TIPP
Fairness sollte, wie in allen Bereichen des Umgangs miteinander, auch beim Thema Feedback beherzigt werden.

Einwände nutzen

Vielleicht kennen Sie diese Situation: Sie haben sich bestens auf die Vorstellung einer Produktinnovation vorbereitet. Bis zum letzten Moment haben Sie an Ihrer Präsentation gearbeitet, die Prototypen sind geliefert und gut aufbereitet – nun geht's in das Meeting, welches Sie schon herbeigesehnt haben. Mit hoher Motivation und wirklicher Überzeugung präsentieren Sie Ihre Ideen, Sie sind stolz auf sich und denken: Das meiste ist geschafft, jetzt muss »nur noch« positiv entschieden werden und die Umsetzung Ihrer Idee steht unmittelbar bevor. Leider haben Sie sich zu früh gefreut, denn nun melden sich Ihre Zuhörer zu Wort. Sie werden mit Einwänden und dem Abwägen der Vor- und Nachteile überschüttet. Vielleicht werden an Sie Fragen gestellt, die Sie in genau diesem Moment nicht beantworten können.

Einwände ernst nehmen

Was können Sie in einer solchen Situation tun, um diese Einwände in positive Argumente umzuwandeln? Die folgenden Redewendungen sollen Ihnen eine Hilfestellung zur Argumentation bieten.

»Da bin ich aber ganz anderer Ansicht«: Wandeln Sie dies um in »Das ist eine richtige Überlegung, vielleicht sollten wir aber Folgendes nicht außer Acht lassen ...« (trumpfen Sie mit den Vorteilen Ihres Vorhabens).

»Dafür haben wir keine Kapazitäten«: Wandeln Sie dies um in »Bevor wir hier endgültige Folgerungen ziehen, sollten wir bedenken ...« (vielleicht ergeben sich Möglichkeiten einer Kapazitätsauslastung oder Umstrukturierung, die Sie an dieser Stelle positiv ins Gespräch bringen können).

»Diese Arbeitsschritte haben wir schon vor ein paar Jahren zu verändern versucht, aber es hat ja damals schon nicht geklappt«: Wandeln Sie dies um in »Sie sprechen ein altbekanntes Problem innerhalb des Unternehmens an, aber ich habe ein Konzept zur Beseitigung dieser Schwierigkeit erstellt. Für mich wäre es folgendermaßen realisierbar ...«.

Die Ohren offen halten

Diese drei Einwände stellen nur eine kleine Auswahl von sehr vielen möglichen Einwänden dar. Ihre Aufgabe besteht in der sorgfältigen Prüfung und Abwägung dieser Problemstellungen. Hören Sie aber unbedingt bis zum letzten Wort zu, anstatt nach dem ersten Satz bereits über ein Gegenargument nachzudenken; dabei verpassen Sie vielleicht wichtige Stichworte, auf die Sie im Anschluss sehr gut hätten reagieren können. Sicherlich wird es auch einmal vorkommen, dass Sie nicht jedes Argument entkräften können. Bitten Sie in diesem Fall um die Möglichkeit, das Argument zu prüfen und mit einem definitiven Ergebnis nochmals auf das Gremium einzugehen. Grundsätzlich gilt, dass Sie alle Ihnen entgegengebrachten Einwände dazu nutzen sollten, Ihr Vorhaben nochmals genauestens nach Realisierbarkeit, Vor- und Nachteilen und der daraus entstehenden Konsequenz zu prüfen. Oftmals ergeben sich innerhalb dieser Prüfung neue Wege und Alternativen, die Sie gehen können, ohne dass Sie von Ihrem Vorhaben absehen müssen.

TIPP

Die in Einwänden versteckten Informationen bringen Sie ebenfalls Ihrem Ziel näher!

Fazit:

- Schenken Sie Ihrem Gesprächspartner Ihre volle Aufmerksamkeit.
- Versuchen Sie sich immer klar und deutlich auszudrücken.
- Gehen Sie bei besonders kritischen Gesprächsinhalten immer nach den Regeln der Diplomatie vor.
- Versuchen Sie möglichst eine positive Gesprächsatmosphäre herzustellen.
- Vermeiden Sie Störfaktoren, wie zum Beispiel ein zu eng gefasster Zeitrahmen oder Telefonate während des Gesprächs.
- Informieren Sie Ihre Partner über den Grund des Meetings. Geben Sie zu Beginn einen kurzen Inhalts- und Verlaufsabriss, dieses bitte werbewirksam und motivierend.
- Bereiten Sie sich auf jedes terminierte Gespräch vor, damit sichern Sie sich Ihre Kompetenz.
- Seien Sie offen für alle Einwände und Gegenargumente.

Nur gute Ideen können motivieren

Im Rahmen eines Brainstormings kommt es darauf an, möglichst viele Ideen zu sammeln. Doch wenn Sie Vorgesetzte, Kunden oder Kollegen überzeugen oder eine Geschäftsidee in die Tat umsetzen wollen, müssen Sie qualitativ hochwertige Ideen liefern. Eine richtig gute Idee sollte folgende Kriterien erfüllen:

Sie muss innovativ sein

Sie können nicht immer das Rad neu erfinden, trotzdem sollte Ihre Idee sich durch »das gewisse Etwas« von anderen Vorschlägen abheben. Denken Sie nicht immer in der gleichen Schiene, sondern betrachten Sie Projekte auch einmal von einer anderen Seite. Dadurch finden sich oft innovative Lösungsmöglichkeiten.

Sie muss einfach sein

Eine gute Idee braucht keine komplizierten Erklärungen, sie leuchtet den Zuhörern sofort ein. Wenn Sie 80 Prozent des Meetings darauf verwenden müssen, um Ihren Vorschlag zu erläutern, stimmt etwas damit nicht – diese Zeit sollte genutzt werden, um erste Projektabläufe zu bestimmen.

Sie muss sich lohnen

Der zu erwartende Nutzen muss in einem angemessenen Verhältnis zum aufzubringenden Aufwand stehen. Welchen Nutzen hat eine neue Büroausstattung, wenn die Mitarbeiter dadurch nicht effektiver arbeiten können? Welchen Nutzen hat die Produktion eines neuen Artikels, wenn kein Markt dafür vorhanden ist?

Sie muss realisierbar sein

Im Idealfall kann Ihre Idee mit den vorhandenen Ressourcen (finanzielle Mittel, Equipment und Personal) umgesetzt werden. Andernfalls sollten die fehlenden Mittel ohne Probleme und ohne großes Risiko für die Beteiligten aufgebracht werden können. Überlegen Sie also vorher, welche Voraussetzungen für die Umsetzung Ihrer Idee notwendig sind.

Sie muss gut präsentiert werden

Die beste Idee ist zum Scheitern verurteilt, wenn sie bei der Präsentation nicht überzeugen kann. Andere zu überzeugen, gelingt Ihnen aber nur, wenn auch Sie selbst voll und ganz hinter Ihrem Vorschlag stehen – Sie müssen mit ganzem Herzen bei der Sache sein und die Zuhörer mitreißen!

Setzen Sie sich intensiv mit dem Thema auseinander, um auf mögliche Rückfragen kompetent antworten zu können. Bereiten Sie Anschauungsmaterial vor, dass Sie den Meetingsteilnehmern zur Verfügung stellen können und visualisieren Sie: Arbeiten Sie mit Flipchart, Folien, Kopien.

Versuchen Sie, Ihre Zuhörer zu begeistern. Das gelingt nicht mit einer langweiligen Vortragsweise, sondern durch den Einsatz all Ihrer rhetorischen Künste. Proben Sie den Vortrag oder das Gespräch im Vorfeld möglichst mit anderen Personen, um so noch an Ihrer Vortragsweise arbeiten zu können.

Richtig überzeugen

Haben Sie dies auch schon einmal erlebt: Ein Kollege möchte seine neue Idee präsentieren, obgleich fast alle Kollegen davon abraten? Die Zeichen stehen also schlecht für ihn. Sie selbst haben über seine Idee nachgedacht und sehen ihr Potenzial, würden sie aber aus Angst vor einer negativen Reaktion nicht vortragen. Ganz anders geht Ihr Kollege vor – er hat sich gründlich vorbereitet, sein Rüstzeug parat und den Vorteil, ein »Verkaufstalent« zu sein. Sein Wahlspruch: »Tue Gutes und sprich davon«, könnte nicht treffender sein. Sie fragen sich, wie man dies erlernen kann?

Souverän auftreten

Was sind die geheimnisvollen Methoden, die »Präsentations-Profis« anwenden, um richtig überzeugen zu können? Vielleicht haben Sie schon einmal ein Motivations- oder Verkaufsseminar eines wirklichen Profis – zum Beispiel eines medienwirksamen Motivationstrainers – besucht? Wenn nicht, ein kurzer Einblick in deren Arbeit: Stellen Sie sich eine Stadthalle vor, die bis auf den letzten Sitz- und Stehplatz mit Personen besetzt ist. Diese Personen haben alle Eintrittsgeld bezahlt, um ähnlich wie bei einem Konzert, ihr großes Vorbild sehen zu können. Nach einiger Wartezeit, die oftmals vorprogrammiert ist, erscheint der »Star« auf der Bühne. Er hat die Gabe, sein Publikum mindestens zwei Stunden lang in seinen Bann zu ziehen und verzichtet dabei auf Showeinlagen oder Tänzerinnen. Er benötigt lediglich ein mobiles Headphone und sein wichtigstes Werkzeug: seine Person selbst, seine Wirkung und seine eigene individuelle

Motivation, die wie es scheint, sehr hoch ausgeprägt ist. Interviews mit Personen, die an diesen Seminaren teilgenommen haben, ergaben, dass die Zeit wie im Fluge vergangen ist, sie sich zu keiner Sekunde gelangweilt oder sich gefragt haben: »Was soll ich eigentlich hier?«, »Was möchte dieser Mensch auf der Bühne eigentlich von mir?«

Eine Scheibe vom Profi abschneiden

Wie gefällt Ihnen der Gedanke, im Rahmen Ihrer nächsten Überzeugungsarbeit ebenso motivieren zu können? Sicherlich sehr gut! Zugegeben – diese Massenseminare werden von absoluten Profis gehalten, die sich auf der Bühne sehr wohl fühlen und diese Übung zu ihrem Tagesgeschäft zählen. Um aber Ihre persönlichen Sachverhalte überzeugend zu präsentieren und damit Ihre Zuhörer themenbezogen zu motivieren, ist es nicht notwendig, dass Sie professionell agieren. Jede Person ist dazu in der Lage, richtig zu überzeugen, dafür muss man kein Profi sein. Doch wie schaffen Sie es, überzeugend zu wirken und Ihre Zuhörer, die in diesem Fall gleichzeitig Ihr Publikum darstellen, auf »Ihren« Weg zu bringen? Das nächste Kapitel wird Ihnen Wege dazu aufzeigen, beginnend natürlich – wie immer im Leben – mit der Basis allen Handelns, der Vorbereitung.

TIPP
Sich eine »Scheibe abschneiden« bedeutet nicht kopieren. Bleiben Sie Ihrem Charakter treu!

Die Vorbereitung ist entscheidend

Zunächst einmal ist zu überdenken, welchen Zweck Ihre Überzeugungsarbeit/Ihr Gespräch verfolgt. Ist es wirklich ein Überzeugungsgespräch, vielleicht auch mit einem Abschlussgedanken besetzt, oder handelt es sich um ein Gespräch, in dem Sie in erster Linie beraten und informieren möchten?

Wer fragt, der führt

Fangen wir mit dem Informationsgespräch an, welches die Vorstufe zum Überzeugungsgespräch darstellt. Machen Sie sich im Vorfeld klar, welche Informationen Sie an wen weitergeben und welche Sie erfahren möchten. Haben Sie Ihre Ziele des Gesprächs und die Ergebnisse überdacht? Mit den Gedanken über das gewünschte Ergebnis sind nicht nur Hard Fakts (Zahlen und Fakten) gemeint, sondern auch, wie Sie zum Ergebnis kommen – das heißt auf welche Art und Weise Sie dieses Ergebnis im Gespräch erarbeiten möchten.

Von hohem Interesse ist es hier, die richtigen Techniken sowohl beim Zuhören, als auch beim Weitergeben oder Erfragen der Informationen anzuwenden. Sicherlich kennen Sie den Satz: »Wer fragt, der führt« – dies trifft gerade bei Themen der Kommunikation in besonderem Maße zu. Die Frage besteht hierbei in der Art und Weise der Fragestellungen. Nehmen Sie sich vor, häufig offene Fragen zu stellen. Offene Fragestellungen haben im Gegensatz zu den geschlossenen den Vorteil, dass Sie Ihrem Gegenüber Freiraum gewähren, seine individuellen Antworten einzubringen, zudem locken Sie ihn so auch aus der Reserve.

Auf offene Fragen kann niemand einfach nur mit Ja oder Nein antworten, etwas mehr Inhalt gehört schon dazu. Fragen dieser Art können beginnen mit: »Wie, wann, warum, wie lange, womit ...?«

Aktiv zuhören

Aber nicht nur die Technik der Fragestellung ist wichtig, sondern auch die Übung des aktiven Zuhörens. Doch wie kann ich aktiv zuhören? In den meisten Fällen können Sie sich zurücklehnen, wenn ein anderer spricht, dann sind Sie nicht sofort gefordert. In der Gesprächsführung jedoch ändert sich dieser Sachverhalt: Nehmen Sie sich vor, genau zuzuhören, verfolgen Sie alle Informationen, machen Sie sich bei Bedarf Notizen und fragen Sie bei Unklarheiten unbedingt nach, wie Ihr Gegenüber eine bestimmte Information oder eine Bemerkung gemeint hat. Ein weiterer Punkt, der aber für jede persönliche, direkte Kommunikation spricht, ist es den Blickkontakt zu halten.

Niemand spricht gern zu einer Person, die dabei aus dem Fenster schaut oder Unterlagen bearbeitet – dies wäre ein Zeichen der Unhöflichkeit und Desinteresse an der Person oder den Informationen. Signalisieren Sie durch Ihre Körpersprache, dass Sie ganz bei der Sache sind. Bedenken Sie in der Vorbereitung diesen Aspekt, Ihrem Gegenüber Ihre vollkommene Aufmerksamkeit zu widmen, Sie werden sehen, dass Sie dafür mit nützlichen Informationen, weiteren Instrumenten zur Erreichung Ihres Zieles, belohnt werden.

Überzeugen statt überreden

Auf das Informationsgespräch baut das Gespräch zur Überzeugung auf. Überzeugungsgespräche werden immer dann gehalten, wenn Sie Ihr Gegenüber von Ihrer Meinung überzeugen möchten. Aber Vorsicht: Überzeugen ist nicht mit Überreden gleichzusetzen! Bedenken Sie während der Vorbereitung, dass Sie grundsätzlich dazu bereit sein sollten, Kompromisse einzugehen, auch einmal einlenken zu können oder aber auch Ihre Meinung zu ändern. Ein starres Vorgehen ist hierbei nicht empfehlenswert. Welchen Nutzen könnten Sie daraus ziehen, jemanden zu etwas zu überreden, was er gar nicht möchte? Im besten Fall stellt sich ein kurzfristiger Nutzen ein, welcher aber nicht von Dauer sein wird – kein zufrieden stellendes Ergebnis.

TIPP
Nehmen Sie sich Zeit zum Aktiv-Zuhören. Wenn Hektik Ihren Zeitplan bestimmt, ist kein Zuhören möglich!

Seine Hausaufgaben machen

Unabhängig um welche Art des Gesprächs oder einer Präsentation es sich handelt, Sie sollten Ihre »Hausaufgaben«, Ihre Hard

Fakts, gemacht und griffbereit haben. Ist Ihre Vorbereitung mangelhaft, wirken Sie schnell als nicht kompetent, verstreut, unter Termindruck stehend oder nicht ganz bei der Sache. Zudem sind Sie dann überaus angreifbar für Kritikpunkte Ihrer Gesprächspartner. Kennen Sie das Gefühl: »Mein Vortrag ist wirklich gut, aber hoffentlich kommen keine konkreten Fragen zum Thema XY, dann bin ich aufgeschmissen?« Diese Lücke in Ihren Informationen macht Sie unsicher, die Gefahr, dass Sie sich bei solchen hartnäckigen Fragen »verzetteln« ist nicht auszuschließen.

TIPP
Der Weg zur Überzeugung steht nur demjenigen offen, der sich ausreichend mit Argumenten vorbereitet hat.

Geht es zum Beispiel um die weitere Vorgehensweise der Betreuung eines Geschäftsbereiches, so versteht es sich von selbst, dass Sie alle Informationen über Umsatz, Absatz und Stellung im Markt parat haben. Möchten Sie Ihre Vorgesetzten von einem neuen Produkt oder einer neuen Idee überzeugen, so ist es unabdingbar, dass Sie über alle Vor- und Nachteile gegenüber anderen Produkten informiert sind. Über alle Gegebenheiten, wie zum Beispiel Umsetzbarkeit, finanzieller Aufwand, u. Ä., haben Sie optimaler Weise ein Konzept ausgearbeitet. So können Sie argumentativ und sachlich vorgehen und fühlen sich in Ihrem Fachbereich sicher.

Vorgesetzte überzeugen

In Präsentationen und Informationen geht es immer um Überzeugungsarbeit. Ob Sie nun Ihren Vorgesetzten oder einen potenziellen Kunden überzeugen möchten – es geht immer um die gleiche Technik, mit der Sie Argumente ausräumen oder bestätigen, mit der Sie motivieren, Spannung aufbauen, marketingtechnisch Ihre Idee präsentieren und somit zur positiven Entscheidung beitragen können. Der Unterschied zu potenziellen Kunden und dem Gespräch mit Ihrem Vorgesetzten liegt allein im persönlichen Kontakt, der in einem Fall vorliegt, im

anderen Fall aber noch erarbeitet werden muss. Es ist immer wieder eine individuelle Entscheidung, welcher Tatbestand nun der vorteilhafteste sein sollte. Vielleicht verfügen Sie nicht gerade über das beste Verhältnis zu Ihrem Chef? Dies kann Verhandlungen komplizieren. Oder aber Sie sind ein wenig scheu, wenn Sie vor Fremden frei sprechen sollen? Diese Punkte sind gegeneinander abzuwägen und neutral zu überdenken – alles hat seine Vor- und Nachteile.

Beispiel: Präsentation – Überzeugungsarbeit bei potenziellen Kunden

Nehmen wir an, Sie sind als Vertriebsmitarbeiter bei einem großen Reiseveranstalter beschäftigt. Sie haben nun die Aufgabe, neues Terrain, nämlich den österreichischen Markt, zu bearbeiten. Zu bearbeiten heißt in Ihrem Fall, dass Ihr Reiseveranstalter bislang noch nicht in Österreich vertreten ist, zudem haben Sie in letzter Zeit bedingt durch die Wirtschaftslage auch einige Einbußen hinnehmen müssen. Mit neuer Kraft und Energie sollen nun die Interessensgebiete ausgeweitet werden. Nun, wie gehen Sie vor? Von Unternehmerseite bekommen Sie den Auftrag, Interessenten aus Österreich mit Hilfe von Unternehmenspräsentationen und weiteren Informationen zu informieren, zu motivieren. Ziel dieser Veranstaltung ist es, diese potenziellen Interessenten zu Partnern zu machen – schließlich sollen diese Ihre Reiseangebote an den Endverbraucher, also an die Kunden im Reisebüro verkaufen. Ihre Präsentation steht, ist von Unternehmerseite abgesegnet und Sie machen sich auf den Weg zu Ihren potenziellen Partnern.

Präsentation – Überzeugungsarbeit bei Vorgesetzten

Sie sind Mitarbeiterin in einer Werbeagentur. Trotz der Wirtschaftslage scheint Ihre Auftragslage mehr als gesichert. Sie haben mehr als genug zu tun und müssen aufgrund dessen leider auch manche Ihrer Kunden auf einen späteren Zeitpunkt vertrösten oder einen Auftrag aufgrund mangelnder Personalkapazität ganz absagen. Ihr Team arbeitet unter Stress – sehr effektiv, aber schon fast an der Grenze der körperlichen und geistigen Belastung. Gerade die Abwicklung des Tagesgeschäftes, keine besonders problematischen Aufgaben, nehmen viel Zeit in Anspruch und Sie ärgern sich über das immense Zeitaufkommen. Diese Zeit könnte Ihr Team weitaus sinnvoller nutzen. Der Tatbestand liegt für Sie klar auf der Hand: Die Personalbesetzung muss aufgestockt werden. Ihnen schwebt eine Assistentin, eine Allround-Kraft vor, die alle anfallenden Tätigkeiten des Tagesgeschäftes übernehmen könnte. Dieses Thema haben Sie bereits im Team besprochen – auch die Frage der Einarbeitung ist geklärt; diese würden zum Teil Sie, zum anderen Teil eine verantwortungsbewusste Kollegin übernehmen. Jedes Mitglied Ihres Teams ist von dem Bedarf einer solchen Kraft überzeugt und hofft inständig, dass Sie Ihren Vorgesetzten von dieser Notwendigkeit überzeugen können. Auch in diesem Fall haben Sie Ihre Basis geschaffen: Sie haben dieses Problem lange beobachtet, sich im Team darüber unterhalten und schließlich gibt Ihnen die vorzügliche Auftragslage noch zusätzlich Rückendeckung für Ihr Anliegen.

Diese Struktur gilt als Leitfaden für eine »überzeugende« Gesprächsführung.

Standpunkt/Basis:	ist das Fundament;
Begründung/Argumentation:	Nutzen, Vorteile, Notwendigkeit des Vorhabens;
Beispiele:	Ausblicke oder Daten der Vergangenheit;
Schlussfolgerung:	Festlegung der Herangehensweise, Umsetzung, weitere Schritte;
Aufforderung:	motivierende Formulierung, weitere Ausblicke.

Seinen Standpunkt vertreten

Machen Sie sich ganz klar: Welchen Standpunkt vertreten Sie als Vertriebsmitarbeiter während Ihrer Mission in Österreich? Welchen Standpunkt vertreten Sie als Teamleiter bei Ihrem Vorgesetzten? Was stellt Ihre Hauptaussage jeweils dar? Wovon möchten Sie Ihre Zuhörer, Ihren Vorgesetzten überzeugen?

Reiseveranstalter: Sie präsentieren in erster Linie die Vorteile einer Partnerschaft mit Ihrem Reiseveranstalter; Vorteile sind zum Beispiel eine hohe Provision bei jeder Buchung, Rabatte, Serviceleistungen der Zentrale (Hotline, Versorgung mit aktuellen Katalogen, Werbemittel).

Werbeagentur: Sie sollten in erster Linie die effizienten Leistungen Ihres Teams präsentieren; einen Hinweis auf die sehr positive Auftragslage geben und das Problem der Überlastung deutlich ansprechen.

Richtig argumentieren

Haben Sie eine Begründung für Ihr Vorhaben? Einen Standpunkt ohne Begründung abzuliefern, wird Ihr Vorhaben schnellstens kippen – Ihr Gegenüber wird wenig oder kein Verständnis für Ihre Idee entwickeln können. Das Ergebnis einer solchen Vorgehensweise sollte klar sein; Sie gehen mit leeren Händen aus dem Gespräch.

TIPP
Bauen Sie keine Luftschlösser, sondern orientieren Sie sich an den Fakten!

Reiseveranstalter: Begründungen für Ihre Idee können zum Beispiel Zusatzverdienste und schließlich auch Gewinne als Vorteil des Partners, langfristige Kundenbindung, Behauptung auf dem Markt, internationale Zusammenarbeit und ein breites Sortiment sein.

Werbeagentur: Durch die Entlastung haben Ihr Team und Sie mehr Freiraum sich zum Beispiel noch intensiver um wirkliche A-Kunden zu kümmern; Sie laufen nicht mehr der Gefahr auf, einigen Kunden sogar eine Absage erteilen zu müssen und diese eventuell auf lange Sicht zu verlieren.

Bezüge zur Realität schaffen

Nennen Sie Beispiele für Ihren Vorschlag. Versuchen Sie möglichst konkret zu sein; Beispiele, die nichts oder wenig mit dem

Thema zu tun haben oder unsachlich wirken, sind auf keinen Fall angebracht. Wenn Sie zum Beispiel als Teamleiter der Werbeagentur die Nachbarabteilung anführen, die doch zwei Assistenten hat, so führen Sie sich selbst in die Enge. Sind Sie wirklich über alle Arbeitsabläufe Ihrer Nachbarabteilung informiert, sodass Sie sich ein Urteil über die Notwendigkeit der zwei Assistenten erlauben könnten?

Das Resümee

In der Schlussfolgerung sollten Sie alle Vorteile nochmals sachlich aufzählen. Die Realität beweist uns, dass bislang noch keine Idee nur Vorteile innehatte – auch Nachteile können und sollten angesprochen werden. Ihre Aufgabe aber ist es, die Nachteile in Vorteile umzuwandeln. Ihre Schlussfolgerung sollte auch die nächsten Schritte, die zum Ergebnis führen, aufzeigen. Was ist zu tun? Wie können wir gemeinsam einen Weg finden, der allen Beteiligten Vorteile bringt? Welche Schritte und Aufgaben sollen sofort angegangen werden, welche können wir anhand eines Projektplanes nach hinten verschieben?

Reiseveranstalter: Hier wäre die Erläuterung der Partnerverträge, ein nochmaliger Hinweis auf die interessante Verprovisionierung der Leistung oder auch die verbesserte Marktposition möglich.

Werbeagentur: Wichtig wäre an dieser Stelle die Konzentration auf die Nutzung der Kapazitäten. Vom Tagesgeschäft befreite Mitarbeiter können in dieser Agentur Ihr Augenmerk auf Ihre kreativen Aufgaben richten und Sie gerade im Hinblick auf das Wichtigste, den Kunden, Gewinn bringend auszurichten.

Weitere Schritte

Zum Schluss Ihrer Überzeugungsarbeit sollten Sie eine Aufforderung, einen Appell anbringen. Dieser sollte immer positiv formuliert sein, soll motivieren, neue Kraft verleihen und Mut machen, neue Wege zu gehen. Es ist nicht notwenig alles nochmals in Stichpunkten vorzutragen, sondern picken Sie sich die Hauptvorteile Ihres Vorhabens heraus und verwenden Sie diese als Appell an Ihre Zuhörer. Gerade bei mehreren Teilnehmern schließt sich oftmals noch eine Diskussion an diesen Appell an. Greifen Sie jedes Argument auf und versuchen Sie dieses in einen Vorteil zu verwandeln. Es geht hier nicht um ein Schönreden oder ein Verdrängen möglicher Anfangsschwierigkeiten, sondern vielmehr um das nochmalige Hervorheben der langfristigen Vorteile für alle.

Mein Chef versteht mich nicht

Sie fühlen sich von Ihrem Chef missverstanden? Vielleicht werden Sie Ihrer Meinung nach zu oft übergangen oder nicht berücksichtigt, wenn es zum Beispiel um Bonusaufgaben geht? Werden Ihre Kollegen bei Beförderungen schon seit Jahren vorgezogen, nur Sie bleiben im Regen stehen? Haben Sie das Gefühl, Ihr Chef beachtet Sie gar nicht und nimmt es als selbstverständlich, dass Sie Ihre Arbeit seit langer Zeit sehr gewissenhaft erledigen? Sollten alle oder ein Teil der Punkte auf Sie zutreffen, droht eine stark ausgeprägte Demotivation: Ändern Sie etwas an diesem Zustand!

Wer trägt die Verantwortung für diesen Missstand?

Überdenken Sie vergangene Situationen: War es wirklich Ihr Vorgesetzter, der Sie absichtlich nicht beachtet hat oder haben Sie sich aufgrund von Scheu oder nicht sehr ausgeprägtem Selbstbewusstsein hinter einer Kollegin versteckt, als es um eine freiwillige Präsentation ging? Schnappen Ihnen wirklich die Kollegen die Rosinen-Aufgaben weg, oder halten Sie sich extra im Hintergrund, damit Sie nicht noch mit einer zusätzlichen Aufgabe betraut werden? Vielleicht erkennen Sie, dass nicht immer die anderen schuld sind an dieser Situation. Kann es sein, dass Sie selbst etwas dazu beigetragen haben? Dann eignen sich folgende Schritte , diese Situation zu verändern.

- Versuchen Sie aus Ihrer passiven Rolle in eine aktive zu kommen.
- Informieren Sie sich über Neuigkeiten in der Abteilung.
- Zeigen Sie sich, wenn nötig häufiger, an allen von Ihnen als wichtig eingeschätzten Stellen.
- Nehmen Sie auch einmal freiwillige Zusatzaufgaben an. Dies aber bitte nicht mit einem missmutigen Gesicht, sondern mit Begeisterung und Elan!

Sie werden über die überraschten Gesichtsausdrücke Ihrer Kollegen aber auch Ihres Chefs erstaunt sein. Verbuchen Sie dies als positiven Vorschuss, als Motivator – so können Sie mit Schwung an die Aufgaben herangehen.

Wir reden grundsätzlich aneinander vorbei

Mittlerweile sind Sie davon überzeugt, dass die Chemie zwischen Ihrem Chef und Ihnen nicht stimmt? Sie haben sich die Zeit genommen, einmal in Ruhe vergangene Gespräche mit Ihrem Chef zu überdenken und sind so zu Ihrer Überzeugung gekommen? Dieser Zustand hält schon länger an und ist nicht als eine Laune oder als Zwischenspiel zu betrachten? Hier gibt es nur eine Lösung: Bitten Sie um ein Gespräch unter vier Augen und thematisieren Sie die Problematik offen.

- Zeigen Sie dabei deutlich Ihren Kooperations- und Leistungswillen.
- Versuchen Sie niemals, solche Diskrepanzen zum Beispiel auf einem Betriebsausflug oder einer Weihnachtsfeier zu klären – diese stellen nicht den richtigen Rahmen für solche Inhalte dar.

- Fragen Sie Ihren Vorgesetzten nach seinen Erwartungen, die er an Ihre Person stellt und bitten Sie um seine Einschätzung, ob Sie diesen Erwartungen entsprechen. Sollte sich als Ergebnis dieser Frage herausstellen, dass Sie den Erwartungen nicht voll und ganz entsprechen, so bitten Sie ihn doch etwas näher darauf einzugehen. Damit locken Sie ihn aus der Reserve, er muss nun konkret auf Ihre Arbeitsleistung eingehen und diese argumentativ begründen.
- Zeigen Sie ihm, dass Sie bereit sind, gemeinsam nach Lösungen zu suchen, um Ihre Entwicklung im Sinne des Unternehmens verbessern zu können.

MERKE: Ein ehrliches Gespräch mit allen Konsequenzen kann Ihr Verhältnis zu Ihrem Vorgesetzten verbessern, Ihre Kommunikationsstörung beseitigen. Es gibt Ihnen schließlich die benötigte Energie, um neu anzufangen.

Kollegen überzeugen

Wie können Sie Ihre Kollegen von einer Neuheit überzeugen? Wie gehen Sie mit Kollegen um, die am liebsten alles so beibehalten würden, wie es auch schon vor 20 Jahren der Fall war und die sich vor Veränderungen ängstigen? Diese Unsicherheit kommt oft zum Vorschein, wenn neue Mitarbeiter frischen Wind in die Abteilung bringen. Leider zeigt es sich in fast allen Unternehmen, dass neue Mitarbeiter, die hoch motiviert alles hinterfragen, um sich ein genaues Bild machen zu können, nicht alle Informationen oder sogar die falschen erhalten.

Beispiel:

Für Patrick Schneider (Seite 9), der sich beruflich neu orientierte und ein Architekturstudium absolvierte, stellte sich der Berufseinstieg leider ähnlich dar. Mit großen Erwartungen und einem Koffer voller Wissen fing er gleich im Anschluss an seinen Studienabschluss bei einem alteingesessenen Architekturbüro an. Er erwartete sich davon viel Praxiserfahrung, vor allem hatte er den Wunsch, von den »alten Hasen« sehr viel lernen zu können – schließlich war er gleich nach dem Studium ein Theoretiker, der sich in der Praxis noch nicht beweisen konnte.

Patrick Schneider war nicht nur Berufsanfänger, er hatte zudem auch viele Ideen gesammelt, die er alle am liebsten gleich umgesetzt hätte. An Motivation hat es also nicht gemangelt! Seine Vorgesetzte hat ihn erst einmal ins kalte Wasser geworfen – ihn frei entscheiden lassen, an welchem Projekt er seine Unterstützung einbringen möchte.

Sie können sich sicherlich vorstellen, wie seine hohe Motivation und vor allem seine scheinbar nicht enden wollende Kreativität und seine Ideen bei seinen seit langem im Sattel sitzenden Kollegen ankamen. Seine Kollegen fühlten sich von dieser Menge an frischem Wind regelrecht überfordert; dies steigerte sich sogar bis hin zur Informationsverweigerung, da Sie sich immer wieder von ihrer eigentlichen Aufgabe abgelenkt fühlten. Zudem schien dieser »Anfänger« in allen Bereichen gleichzeitig arbeiten zu wollen, er erweckte den Eindruck, alle routinierten Arbeitsabläufe seien zu überdenken, zu veraltet und gewiss gegen neue einzutauschen. Dass seine Kollegen nicht mitspielten, scheint verständlich. Dass Patrick Schneider am liebsten überall angepackt hätte, ist aber ebenso verständlich.

TIPP
Bei der Vermittlung von neuen Ideen ist Ihr Fingerspitzengefühl gefragt, sonst besteht die Gefahr, dass Ihre Bemühungen nicht unterstützt werden.

Umgang mit festgelegten Abläufen

Sie sehen an diesem Beispiel, dass ohne eine vorhandene Struktur auch die ausgeprägteste Motivation, das beste Fachwissen, die beste Idee eine Mauer erzeugen können. In diesem Fall eine Mauer der Kollegen; – für Teamarbeit und im weiteren Sinne für das persönliche berufliche Vorankommen sind das keine günstigen Voraussetzungen.

Das heißt nun nicht, dass Sie im Kreis Ihrer Kollegen genauso viel Energie in die Struktur Ihres Vorhabens legen sollten, wie es im Punkt zuvor bei einer Präsentation oder der Überzeugung Ihres Vorgesetzten der Fall war. Der Begriff Kollege sagt es ja schon aus, er unterstellt ein kollegiales, ein Austausch von Fachwissen, kurz ein auf gleicher Ebene stattfindendes Miteinander. Dennoch: Eine Struktur sollte bei Neuheiten und geänderten Vorhaben immer vorhanden sein. Wenn Sie sich ähnlich der Vorgehensweise bei der Überzeugung Ihres Vorgesetzten oder auch bei potenziellen Kunden/Partnern an die Grundstruktur halten, sollte der Überzeugung und insbesondere der Motivation Ihrer Kollegen nichts im Wege stehen.

Um Teamarbeit werben

Für Patrick Schneider blieb nur die Flucht nach vorn. Er bat um ein Meeting im Kollegenkreis – ohne Vorgesetzte. Folgende Struktur hatte er sich zurechtgelegt:

- Er zollte seinen Kollegen Respekt und Hochachtung vor deren Fachwissen.
- Er erklärte die Ursache seines Auftretens, den Wunsch, seine bisher nur in der Theorie existierenden Visionen zu realisieren (einige davon hat er ausgeführt) und all sein Uni-Wissen umzusetzen.
- Er gab zu, seine Kollegen mit seinem Übereifer überrumpelt zu haben.
- Er bat seine Kollegen um deren Ansichten, wie sie sich die künftige gemeinsame Zusammenarbeit vorstellen.
- Er warb um Kollegialität und ein Teilhaben am großen Erfahrungsschatz der Kollegen, um gemeinsam künftige Projekte erfolgreich zu meistern – zum Nutzen aller.

Seine Strategie ist aufgegangen, heute ist Patrick Schneider ein beliebtes und anerkanntes Mitglied des Teams.

MERKE: Bedenken Sie bei der Überzeugung von Kollegen die gleiche Struktur, den gleichen Ablaufplan: Standpunkt, Begründung, Beispiel, Schlussfolgerung und Appell! Füllen Sie dieses vor allem mit Vorteilen, wägen Sie aber auch sorgfältig alle möglichen Nachteile ab. Denn nur wenn Sie vollkommen überzeugt sind, steht Ihnen der Weg frei, Ihre Kollegen überzeugen zu können!

Mitarbeiter überzeugen

Wie wir zuvor schon erwähnten, werden Überzeugungsgespräche gerade bei Mitarbeitergesprächen angewendet. Haben Sie eine Position mit Personalverantwortung inne? Dann kennen Sie diese Situationen nur zu gut: Sie möchten mit einem Ihrer Mitarbeiter über seine persönlichen und die Ziele des Unternehmens sprechen. Sie streben eine Kombination beider Fakten an, die für alle Beteiligten positive Auswirkungen haben kann. Wie auch bei der Überzeugung Ihrer Vorgesetzten sollten Sie den Gedanken des Vorteils vor Augen haben: Welchen Vorteil hat Ihr Gegenüber von Ihren Ideen, Neuheiten, Veränderungen? Welche Fakten können Sie als Vorteil herausstellen und ihn damit überzeugen? Welchen Nutzen können Sie Ihrem Gegenüber vermitteln, wenn er Ihrem Weg/Ihrer Meinung folgt? Um diesen Nutzen überzeugend darstellen zu können, eignen sich folgende Schritte, die aufeinander aufbauen. Versuchen Sie diese einmal anzuwenden und Sie werden erstaunt sein, welche Überzeugungskraft in Ihren Worten und in Ihrer Handlungsweise steckt.

TIPP
Am einfachsten sind Menschen zu überzeugen, wenn sie persönlich von etwas profitieren. Bedenken Sie dies bei Mitarbeitergesprächen.

▸ Pushen

Pushen Sie das Selbstwertgefühl Ihres Mitarbeiters! Loben Sie ihn zum Beispiel für sein letztes Projekt, für sein Engagement bei der Organisation der Betriebsfeier oder sprechen Sie Informationen aus, die in diesem Moment nur für Sie beide bestimmt sind, um Vertrauen zu schaffen. Zeigen Sie ihm die Wichtigkeit seiner Arbeit und der neuen Aufgabe – machen Sie ihm deutlich, warum Sie gerade mit ihm dieses Gespräch führen!

▸ Profit

Zeigen Sie den Profit auf, den Ihr Mitarbeiter bei Aufnahme dieser neuen Aufgabe für sich selber verbuchen kann. Profit ist durch Vorteile gekennzeichnet. Diese Vorteile können zum Beispiel internationale Geschäftsreisen, Personalverantwortung, eigene Führung von Meetings und Projektgruppen, eine Aussicht auf eine Positionsverbesserung, die Verwirklichung seiner Träume und Ziele oder in manchen Fällen auch langfristig der Gedanke einer damit verbundenen Gehaltserhöhung sein. Achtung: Versuchen Sie nicht, ihn nur mit dem finanziellen Aspekt zu ködern, das alleine ist kein Argument.

▸ Spaß

Vergessen Sie nicht den Spaßfaktor. Die meisten Menschen verbringen die meiste Zeit des Tages mit der Arbeit. Wie kann man auf lange Sicht Bestleistungen bringen und motiviert sein, wenn die Arbeit keine Freude bereitet? Stellen Sie den Spaß, die Freude der neuen Aufgabe werbend dar. Spaß und Freude dienen als zusätzliche Motivationsfaktoren.

▸ Hilfestellungen

Beziehen Sie auch Hilfestellungen der neuen Aufgabe in Ihr Gespräch mit ein. Vielleicht betritt Ihr Mitarbeiter mit der neuen Aufgabe auch ein vollkommen neues und fremdes Terrain, hat sogar anfangs Angst und Scheu sich damit anzufreunden? Geben Sie ihm alle möglichen Hilfestellungen (zum Beispiel Kurse, Sperrzeiten, in denen er sich mit der neuen Aufgabe vertraut machen kann, Equipment), die Sie allein oder mit Hilfe der Unternehmensstruktur leisten können.

MERKE: Folgen Sie Ihrer Motivation, Ihrem Fachwissen und Ihrer Struktur, mit der Sie an diese Aufgabe herangehen! Diese Elemente, kombiniert mit ausgeprägten Soft-Skills, machen Ihnen den Weg frei zur richtigen Überzeugung, für welche Thematik auch immer.

Fazit:

- Bereiten Sie sich gewissenhaft vor. Damit stützen Sie Ihre Position und Ihren Standpunkt.
- Benutzen Sie Ihren Wortgebrauch und nichts »Kopiertes«, Sie könnten unglaubwürdig wirken.
- Vermeiden Sie häufig benutzte Floskeln, damit langweilen Sie Ihr Gegenüber.
- Beschaffen Sie sich alle zur Verfügung stehenden Informationen zu Ihrem Thema, das gibt Ihnen Argumente!
- Nennen Sie immer themenbezogene Beispiele, die der Realität entsprechen – dies können positive und auch negative sein, je nach Zielsetzung.
- Zeigen Sie Ihr Fingerspitzengefühl: Fallen Sie nicht mit der Tür ins Haus, sondern gehen Sie systematisch Schritt für Schritt vor.

Motivation aus Mitarbeitergesprächen ziehen

»People make it happen« – Menschen sind es, nicht Maschinen, die etwas bewegen, etwas erreichen. Auch Motivation wird ausschließlich von Menschen geleistet. Aber Mitarbeiter werden im Gegensatz zu den eingesetzten Maschinen nicht oder selten »gepflegt« oder »gewartet«.

Mitarbeiter-Pflege

Denken Sie an den Kopierer oder die EDV-Anlage – wie oft kommt ein Fachmann in Ihr Unternehmen und wartet oder repariert diese Technik? In solchen Fällen wird gerne investiert und ebenso gerne beschäftigt man sich mit diesem Medium. Doch wie sieht es mit dem Mitarbeiter aus, der ja auch ständig auf Höchstleistung ausgerichtet ist? Wird der Mitarbeiter ebenso »gewartet« und auf den neuesten Stand gebracht?

▸ Schaffen Sie Motivation aus und in Mitarbeitergesprächen

Sie haben Ihrem Mitarbeiter alle Profit- und Vorteilspunkte einer neuen Aufgabe erklärt und ihm werbetechnisch nahe gelegt. Damit »warten« Sie einerseits Ihren Mitarbeiter und ziehen gleichzeitig selbst Motivation aus diesen Vorteilen, denn nur wenn Sie selbst von diesen Vorteilen überzeugt sind, können Sie sich über deren Weitergabe freuen. Für beide Seiten – Vorgesetzter und Mitarbeiter – aber gilt, so viele nützliche Informationen wie nur möglich während des Gespräches zu sammeln. Diese können beiden dann für das weitere Vorgehen helfen argumentativ vorzugehen. Für die Situation des Vorgesetzten bedeutet dies auch eine Chance mehr über die internen Zusammenhänge der Abteilung, also der Kollegen zu erfahren. Für den Mitarbeiter mehr Einblick in die Arbeit der Abteilungsleitung.

Richten Sie Ihr Augenmerk auf die positiven Inhalte

Lassen Sie sich nicht von einer möglichen Demotivation Ihres Mitarbeiters herunterziehen. Es ist Ihre Personalverantwortung, ihn wieder neu zu motivieren und neue Wege mit ihm gemeinsam zu gehen. Gehen Sie aber immer vorsichtig mit den Anzeichen einer Demotivation um: Hören Sie aktiv zu, versuchen Sie die Informationen auf einen Punkt zu bringen und sprechen Sie diese Probleme gemeinsam an – Sie werden sehen, es ist gar nicht so schwierig, Unsicherheiten oder auch Ungerechtigkeiten, die Ihrem Mitarbeiter widerfahren sind, umzukehren in Positives. Gehen Sie mit neuem Schwung an die »neue Zeit«, diese Zeit begann mit der Eröffnung Ihres Gespräches – nutzen Sie diese! Aber auch die Position des Mitarbeiters beinhaltet Aufgaben: Hören Sie ebenso aktiv zu, sammeln Sie alle Informationen, versuchen Sie keine Missverständnisse auftreten zu lassen. Beide Gesprächspartner können enorme Vorteile aus einem solchen Gespräch ziehen.

Strategieplanung zur Weiterentwicklung: Mentoring

Entwerfen und erarbeiten Sie gemeinsam mit Ihrem Mitarbeiter eine Strategieplanung. Inhalte dieser Planung können zum Beispiel die Entwicklung des Mitarbeiters sein. Was ist seine Planung langfristig, mittel- und kurzfristig? Was möchte er in dieser Zeit erreichen? Wie können Sie ihm dabei Hilfestellungen geben, wo können Sie unterstützend wirken? Durch die gemeinsame Erarbeitung schaffen Sie Teamarbeit und eine Absprache, die gleich zu Anfang greift. Ihr Mitarbeiter war von der ersten Stunde aktiv mit dabei, erhält also nicht das Gefühl, er bekäme etwas vorgesetzt, was er eigentlich nicht mag. In weiteren Gesprächen dient diese Strategieplanung immer wieder als Leitfaden. Sie prüfen beide, ob die Ziele erreicht wurden und wenn nicht, woran es lag, welche Umstände hinderten. Sie beide haben die Erfolge vor Augen, motivieren sich also gegenseitig, das ist Belohnung pur!

Wenn alles nichts nützt

Sie fühlen sich sehr gut in Ihrer Position, die Arbeit macht Ihnen Spaß, sie erzielen gemeinsam mit Ihrem Team gute Ergebnisse – das hört sich alles sehr positiv an. Sie wünschen sich jedoch mehr Eigeninitiative Ihrer Mitarbeiter und Kollegen, manchmal möchten Sie einem Kollegen einfach einen Schub verpassen, in dem Sinne: »Nun mach!«

Wenn andere nicht mitziehen

Sie versuchen auf die einzelnen Personen einzugehen, haben Gespräche geführt und aus Ihrer Sicht wirklich alles getan, um die Arbeitsatmosphäre und den Ablauf angenehm zu gestalten, aber manche Ihrer Kollegen ziehen immer noch nicht richtig mit? Sie sind in Ihrem Verein in der Freizeit sehr aktiv, Sie können bei dieser Beschäftigung richtig abschalten und sind immer ganz vorne mit dabei, wenn es zum Beispiel darum geht, Feste auszurichten oder auch mal Hand anzulegen? Sie verstehen es aber nicht, dass Ihre Vereinskameraden so manchen Einsatz Ihrer Person als zu übertrieben ansehen und sich auch mal gerne von der Arbeit fern halten?

TIPP
Welche Möglichkeiten haben Sie, die Leistungsbereitschaft Ihrer Mitarbeiter oder Kollegen zu fördern? Können Sie dazu beitragen?

Individuelle Möglichkeiten

Bedenken Sie bei allen Ihren Aktionen die Leistungsbereitschaft der einzelnen Team- oder Vereinsmitglieder. Wer ist für Leistung verantwortlich? Die Antwort ist einfach: Leistungsbereitschaft ist Sache jeder Person. Vergessen Sie nicht, dass jeder Mensch beeinflussbar, aber nicht steuerbar ist. Sie können anregen und vorschlagen, aber Ihr Gegenüber muss in erster Linie wollen. Im Gegensatz zur Leistungsbereitschaft sind die Leistungsfähigkeit und auch die -möglichkeit von der Führung und Aufgabenstellung abhängig. Haben Ihre Kollegen ihre Stärken nicht erkannt und nicht gelernt, diese effektiv einzusetzen, so kann das Ergebnis nicht optimal ausfallen. Gleiches gilt für die Förderung und Weiterentwicklung: Man lernt voneinander, ganz automatisch, alleine durch den Austausch von Informationen. Bleibt dieser aus, oder werden Informationen geheim gehalten, so sind Sie und Ihre Kollegen nie auf dem aktuellen und gleichberechtigten Stand.

Freiräume sind wichtig

Sind kaum Freiräume vorhanden, sondern existieren starre Systeme, so besteht zwar keine allzu große Gefahr, sich zu weit aus dem Fenster zu lehnen oder Fehler mit großer Tragweite zu produzieren. Aber Möglichkeiten zur Kreativität und Offenheit für neue Wege bestehen dann auch nicht. Zwangsläufig fühlen sie sich eingeengt. Lähmend wirkt dabei zudem die Erkenntnis, keine Perspektiven im beruflichen Vorankommen zu sehen. Sie treten auf der Stelle.

Im Team zum Erfolg

Zeigen Sie aber in jedem Fall, dass Sie ein Commitment abgeben, bei dem es nur gemeinsam vorwärts und dem Ziel entgegengeht. Nicht eine Person allein ist für Erfolge und Misserfolge verantwortlich, sondern das Team hat diese zu verantworten und sollte auch die Erfolge feiern. Dieses Commitment bezieht sich nicht nur auf Ihre Unternehmensabteilung oder Familie und Ihren Freundeskreis – denken Sie zum Beispiel an die Europäische Union, Länder übergreifendes Handeln und Umsetzen. Wie wäre die Zusammenführung von Ost und West

TIPP
Zeigen Sie Ihre Teamfähigkeit. Es geht nur miteinander!

in Deutschland vonstatten gegangen, wenn kein Gedanke von Verbundenheit herrschen würde? Es funktioniert nur miteinander und nicht mit Einzelkämpfertum.

Es fing doch alles so gut an ...

Barbara Fischer beginnt das neue Jahr nach einem ausgedehnten Winterurlaub und einer fantastischen Jahreswende hoch motiviert in ihrem Unternehmen. Sie ist nicht nur gut erholt, sondern hat eine neue Aufgabe vor sich: Sie ist von Ihrem Chef zur Projektleiterin ernannt worden. Sie ist stolz, ein Traum hat sich für sie erfüllt. Jahrelang hoffte sie eigenverantwortlich ein Projekt leiten zu können und ihre Fähigkeiten endlich unter Beweis stellen zu können. Hoch motiviert findet sie sich am ersten Tag in ihrer Abteilung ein und macht sich gleich an die Konzeption ihrer Vorgehensweise. Hierzu gehört insbesondere der Projektzeitplan, den sie einerseits auf die Bedürfnisse des Unternehmens, andererseits auf die der Kollegen, zum Beispiel in puncto zeitliche Verfügbarkeit, abgleicht. Barbara Fischer hat eine Vision, sie möchte innerhalb ihres Projektes eine Neuheit einführen, die Form des »Communities of Practice«. Dies beinhaltet vor allem das Miteinander der einzelnen Teams, das Gemeinsame. Sie stellt sich vor, dass alle Teammitglieder gleichberechtigt an diesem Projekt arbeiten. Sie selbst bleibt neutrale Moderatorin, die immer wieder eingreift und den Überblick über alle Abschnitte behält. Barbara Fischer hat gemeinsam mit ihrem Vorgesetzten sechs Personen für dieses Projekt ausgewählt. Sie hat sich Gedanken darüber gemacht, wer welches Fachwissen, wer welche Kontakte mitbringt, um dieses gewinnbringend in die Arbeit einzubringen.

Input geben

So hat sie schon in den letzten beiden Dezemberwochen für das erste Meeting eingeladen. Um dem Projekt einen spannenden

Input zu verleihen, möchte sie sich in einem eigens dafür angemieteten externen Schulungsraum treffen. Ihre Teammitglieder sollen nicht vom Tagesgeschäft abgelenkt werden, durch die räumliche Distanz versucht sie dies in die Realität umzusetzen.

Aufteilung und Abhängigkeiten der Leistungsausprägungen

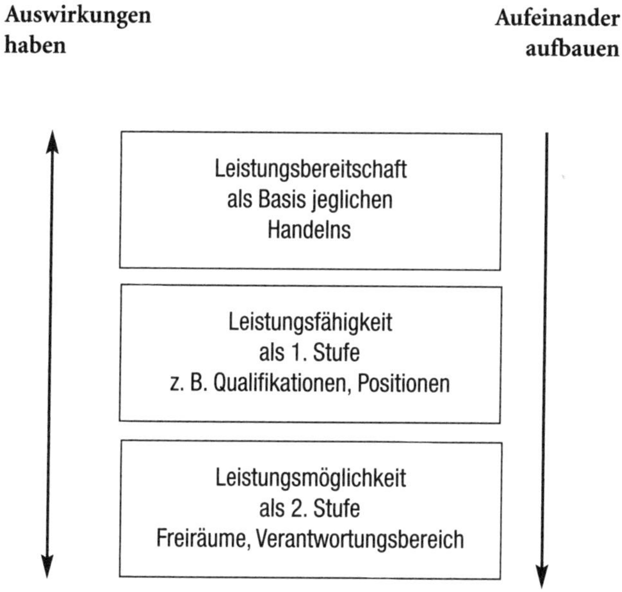

Leistungsbereitschaft ist immer auch abhängig von der individuellen Leistungsmöglichkeit und Leistunsfähigkeit. Alle drei Bereiche bauen aufeinander auf und beeinflussen sich gegenseitig. Mitarbeiter und Vorgesetzte sind gleichermaßen verantwortlich für eine motivierte Arbeitsatmosphäre.

Unterschiedliche Persönlichkeiten berücksichtigen

Aber sie muss gleich zu Anfang erkennen, dass nicht alle Teammitglieder die gleiche Vision und Motivation an den Tag legen. Von den eingeladenen sechs Personen erscheinen nur drei. Zwei haben sich aufgrund Krankheit und einer Verlängerung des Skiausfluges abgemeldet, von einer Person weiß sie nicht, warum sie nicht auftaucht – auch Nachfragen in deren Abteilung bringen sie zu keinem Ergebnis. Haben sie das Bild vor Augen: Barbara Fischer begrüßt die Anwesenden, aber leider fehlt die Hälfte. Gerade in der ersten Teamsitzung wollte sie Übungen zur Teamzusammenführung und zur Entwicklung des Gemeinschaftsgefühls machen. Die Teilnehmer sollten sich besser kennen lernen. Schließlich wollte sie die Wichtigkeit des Projekts und der nötigen Kernkompetenzen hierfür von Unternehmerseite schildern. Auch einen Projektzeitplan hatte sie schließlich vorbereitet. Über diesen Anfang ist sie nun mehr als enttäuscht, versucht sich aber vor den drei Anwesenden nichts oder wenig anmerken zu lassen und geht ihren Plan an.

TIPP
Pauschalisieren Sie nicht! Das Individuum ist entscheidend!

Ihre Teammitglieder sind zunächst skeptisch, sehen den Berg von Arbeit auf ihrem Schreibtisch gedanklich vor sich, der sich während ihrer Abwesenheit angesammelt hat, können sich schlecht konzentrieren und sich nicht voll und ganz auf die Inhalte des Projektes einstellen. Der wichtigste Bestandteil einer Projektzusammenführung neben allen fachlichen Zielen ist die Bereitschaft, die Motivation der Teilnehmer. Doch von dieser spürt Barbara Fischer an diesem Morgen wenig.

Was ist schief gelaufen?

Worin sehen Sie den Grund für den negativen Auftakt dieser Veranstaltung, die doch von der Moderatorin mit allem Bedacht vorbereitet wurde? Gründe für mögliches Nichtgelingen können folgende sein:

- **Bestimmung des Zeitpunktes**

Barbara Fischer hat direkt zu Jahresbeginn eingeladen. Ihr Gedanke bestand möglicherweise darin, dass sie gleich zu Anfang neue Wege gehen möchte; die zeitlichen Kapazitäten gleich zu Anfang nutzen wollte. Leider hat sie nicht an mögliche Ausfälle, wie zum Beispiel Krankheiten oder einen verlängerten Urlaubsaufenthalt gedacht. Und natürlich möchte jeder Mitarbeiter nach einem Urlaub erst einmal an seinen Arbeitsplatz kommen, um zu sehen, was sich in der Zwischenzeit angesammelt hat. Ein Zeitpunkt, etwa eine Woche später, wäre effektiver gewesen.

- **Information der Teammitglieder**

Hat sie alle Mitglieder im Vorfeld genügend über Sinn und Zweck und vor allem den gegenseitigen Nutzen des Projektes informiert?

MERKE: Nur wenn ausreichend und vor allem positiv schon im Vorfeld kommuniziert wird, kann auch der Funke der Begeisterung und der Motivation auf Ihre Kollegen, Freunde oder Mitarbeiter überspringen und so gefördert werden.

Werbetechnische Kommunikation

Nun haben Sie einiges über gute und weniger gute Kommunikation gelesen. Aber was ist nun mit werbetechnischer Kommunikation gemeint? Hat Barbara Fischer für ihr Projekt geworben? Es möglichst positiv schon in der Einladungssituation dargestellt oder einfach nur einen kurzen Anriss und einen Zeitpunkt geliefert? Überdenken Sie für sich diese Situation: Was halten Sie von einer kurzen Information und einer Zeitbestimmung, aus der Sie lesen, dass Sie an diesem Tag dort zu erscheinen haben? Aus dieser Information springt kein Funke der Begeisterung auf

Sie über, vielleicht sehen Sie es sogar als lästiges Übel an, Ihre wertvolle Arbeitszeit nun extern in einem Schulungsraum zu verbringen, wobei die Inhalte noch nicht einmal klar definiert sind?

Die Werbetrommel rühren

Nur wenn richtig und klar kommuniziert wird, kann ein gemeinsames Verständnis vom Projekt und seinen Zielen vermittelt werden. Nur wer im Vorfeld die Werbetrommel rührt, kann mit Begeisterung rechnen! Denken Sie an eine Veranstaltung in Ihrem Wohnort. Von einer Freundin erfahren Sie, dass der Prominente XY am letzten Wochenende in Ihrer Stadt aufgetreten ist. Sie ärgern sich, wie gern wären Sie bei seinem Konzert dabei gewesen, aber Sie haben wirklich keine Plakate oder sonstige Werbung gesehen. Sein Auftritt ist also nicht publik gemacht worden – kein Wunder, dass die meisten Plätze leer blieben. Sicher, das Beispiel ist nicht ganz realistisch. Denn man kann davon ausgehen, dass jeder Prominente über Marketingfachkräfte verfügt, denen ein solcher Lapsus natürlich nicht passiert. Barbara Fischer jedoch verfügt nicht über diese Manpower, ihre Aufgabe bestand darin, selbst alle Marketingpunkte zu berücksichtigen.

TIPP

Seien Sie Ihre eigene Werbeagentur! Setzen Sie Werbeinstrumente ein!

Wer Einwände hat, zeigt Interesse

Frau Fischer hat nun die Anfangsschwierigkeiten überstanden, sie hat in Erfahrung gebracht, wann die restlichen drei Teammitglieder dazukommen und richtet den Zeitplan dementsprechend aus. Somit ergibt sich eine erste Verzögerung im Ablaufplan, aber da sie genügend Puffer eingebaut hat, sollte dies kein Problem darstellen. Die Prozesse der Gruppenfindung und des Kennenlernens hat sie kurz angerissen und nun geht's ans Eingemachte.

Akzeptanz schaffen

Der nächste Schritt besteht darin, dass ihre Teammitglieder die Projektziele und Ergebnisse akzeptieren. Genau an dieser Stelle wird sie mit Einwänden konfrontiert. Auch hier gilt die Technik: Wer gut vorbereitet ist, dem können Einwände nichts anhaben. Die Kunst besteht darin, diese Einwände in Vorteile umzuwandeln. Eine nicht immer einfache Aufgabe. Die Gefahr, Sie auf dem falschen Fuß zu erwischen, besteht insbesondere dann, wenn Ihr Rüstzeug, welches in diesem Fall aus Ihrem Fachwissen besteht, nicht definiert ist. Seien Sie auf alle Nachfragen gefasst und versuchen Sie immer eine Lösung, das heißt eine Gegenargumentation bereit zu halten.

Nicht vorschnell einordnen

Von den anwesenden Teammitgliedern bringt sich eine Kollegin besonders mit kritischen Fragen ein. Barbara Fischer hält schon immer die Luft an und wartet, wann der nächste Einwand dieser Dame kommt. Langsam wird sie unsicher, da sie auch das Interesse dieser Dame infrage stellt. Hier liegt ein ganz plausibler Verdacht vor, welcher aber falsch interpretiert wird: Sie unterstellt dieser Kollegin eine mangelnde Motivation und ein mangelndes Interesse mit dem Hintergrund, das Projekt zu blockieren – weit gefehlt; gerade durch ihre Einwände zeigt sich das

MERKE: Nutzen Sie Einwände, um die Vorteile Ihres Themas herauszustellen. Fühlen Sie sich durch diese Einwände, unabhängig von Thema und Konstellation, nicht in die Enge getrieben, sondern erkennen Sie das wirkliche Interesse darin! Dies schafft Synergieeffekte, die Sie als positive Argumentation nutzen können und die Ihnen weitere Informationen geben.

Interesse der Kollegin an dem Thema. Wie kann die Kollegin Einwände bringen, wenn sie sich nicht mit dem Thema beschäftigt hat und nicht vollkommen bei der Sache ist? Sie ist sehr wohl motiviert und die Aufgabe des Moderators besteht im Auffangen der Motivation, in der Weiterentwicklung und Förderung dessen. Wer Einwände hat, zeigt Interesse, möchte sich mit dem Thema auseinander setzen, stellt inhaltliche Fragen und lehnt sich nicht desinteressiert zurück.

Strategien gegen Quertreiber

In fast jeder Gruppe findet sich ein Quertreiber. Was aber zeichnet einen Quertreiber aus? Wie findet er sich in der Gruppe wieder? Kann er sich integrieren oder steht er außen vor? Wie sehen ihn die anderen Teammitglieder? Ist sein Verhalten störend oder bringt es eine Art Nutzen?

Aus der Reserve locken

Denken Sie an Ihr Privatleben: Sind Sie Mitglied in einem Verein oder einer Fördergruppe, die unabhängig von Bezeichnung und Ziel einen Grundgedanken innehat: gemeinsam etwas zu erleben, zum Beispiel die Ausrichtung einer Vereinsfeier, alles auf freiwilliger, ehrenamtlicher Tätigkeit. Ziehen Sie alle gemeinsam an einem Strang und sind sich in den meisten Belangen einig oder finden sich immer wieder einzelne Quertreiber, die oftmals das Vorhaben ins Wanken bringen? Ist jemand in Ihrer Gruppe, der oftmals an allem etwas auszusetzen hat, der alle Ideen negativ darstellt, selber aber keine Lösung anbietet?

▸ Beachten

Wie verhalten Sie sich solchen Menschen gegenüber? Nehmen Sie sich seiner Person an, hören Sie ihm zu oder beachten Sie ihn gar nicht, da er Sie schon seit langem mit seinen permanenten

Einwänden nervt? Die Nichtbeachtung stellt die schlechteste und kurzfristigste Lösung dar; damit schaffen Sie das Problem ganz sicher nicht aus der Welt – im Gegenteil, sie animieren eine solche Person nur zu mehr Aktivität.

▶ Konkret sein

Nehmen Sie sich dieser Personen an und stellen Sie gemäß der Kommunikationstechnik offene Fragen. Fragen Sie ihn oder sie, worin die Kritik besteht, welcher Hintergrund vorhanden ist und vor allem, welche Alternativen sich bieten. Sie werden sehen, dass solche Quertreiber in den meisten Fällen keine Alternativen parat haben – ihre Energie bezieht sich auf die negativen Äußerungen, ihre Gedanken sind nicht fundiert. Dabei locken Sie ihn oder sie mit Ihren offenen Fragen aus der Reserve – meist ist es der Person dann auch sichtlich peinlich keine Alternative vorschlagen zu können, die Ablehnung des eigentlichen Vorhabens ist dann meist die einzige Äußerung.

In fremde Rollen schlüpfen

Eine gute Übung zum Umgang mit Störern, die Sie innerhalb Ihrer Familie durchführen können, ist die der vier Rollenverteilungen. Teilen Sie jedem Familien- oder Bekanntschaftsmitglied jeweils eine Rolle zu, die er oder sie auszuführen hat. Fangen Sie mit einfachen Themen an, wie zum Beispiel die Planung des nächsten Wochenendausflugs, vermeiden Sie Themen wie persönliche Ängste, finanzieller Notstand oder Ähnliches. Die Rollenverteilung hat folgende, hier typisierten Inhalte, die Sie je nach Themenwahl mehr oder weniger stark betonen können:

▶ Rolle 1: Der Aggressive

Diese Rolle trifft von den insgesamt vier am ehesten auf die des Quertreibers zu. Der Rolleninhaber muss die anderen Mitglieder »angreifen«; er hat die Aufgabe des Schimpfens und meckert unaufhörlich. Nichts genügt ihm und findet seine Zustimmung.

▶ Rolle 2: Der Beschwichtigende

Wer diese Rolle eingenommen hat, verleugnet die offensichtlichen Problemstellungen. Zu seinem Standardrepertoire gehört der Spruch: »Wenn man mal eine Nacht darüber geschlafen hat, sieht alles ganz anders aus«. Bei dieser Person haben Sie das Gefühl, er oder sie sei nicht bei dem Thema, nimmt nichts ernst und erklärt Herausforderungen nur in den seltensten Fällen zu seinen Eigenen.

▶ Rolle 3: Der indirekte Angreifer

Vorsicht bei dieser Rollenverteilung. Schon aus dem Adjektiv »indirekt« können Sie einiges ablesen. Dieser Rolleninhaber geht nicht auf die Sache oder die Person konkret ein, sondern agiert immer auf indirekte Art und Weise. Seine Standardfloskeln: »Seid doch vernünftig«; im Klartext: Ihr Deppen bekommt auch nichts hin.

▶ Rolle 4: Der vom Thema Abschweifende

Wer diese Rolle innehat, muss immer vom Thema abweichen. Vollkommen zusammenhangslos spricht diese Person die spontansten Gedanken aus. Je mehr sie vom eigentlichen Thema abweicht, desto zufriedener ist sie. Ziel ist es, die anderen Gruppenmitglieder durch diese Abschweifungen so vom Thema abzubringen, dass man zu keinem Ergebnis kommt.

Der Moderator

Zudem benötigen Sie eine neutrale Person, einen Moderator, der eine gute Beobachtungsgabe hat, sich Notizen zu den einzelnen

Statements und Reaktionen macht und nachher die gesammelten Eindrücke neutral wiedergibt. Verfügen Sie nicht über eine fünfte Person, so können Sie auch auf die Technik der Videokamera zurückgreifen – das Optimum: eine Kombination aus beiden Instrumenten! Ihre Gruppenmitglieder und Sie werden erstaunt sein über die Rückmeldung des Beobachters und über Ihre Wirkung in der Videoaufnahme.

Spielregeln

Es empfiehlt sich folgendes Grundgerüst der Übung: Sie sprechen der Reihe nach, es beginnt der/die Aggressive. Danach spielen sie je zwei Runden. Im Anschluss daran werden die Rollen gewechselt und wieder ein Turnus in den einzelnen Spielrunden durchgeführt. Stellen Sie sicher, dass jedes Mitglied jede Rolle übernehmen kann.

Richtig auswerten

Nun kommt es zur Auswertung! Sie werden feststellen, wer in welcher Rolle am besten zurechtkam, wer sich wann am besten gefühlt hat. Welche Faktoren besonders positiv wie auch negativ auffielen. Sie erlernen dabei, sich in unterschiedliche Positionen hineinzudenken; sie erfahren wie es sich anfühlt, wenn Sie selbst im Alltag in diese Rolle hineinschlüpfen oder auch hineingedrängt werden. Als Ergebnis werden Sie feststellen, dass Sie alleine mit diesen vier Ausprägungen der Kommunikation nie effektiv arbeiten können – Sie werden, unabhängig von der Wiederholung dieser Übung – niemals einen Wochenendplan errichten können, mit dem alle der vier Rolleninhaber zurechtkommen. Die Frage ist, warum können Sie dies nicht erreichen. Nun, Ihnen fehlt die ausgleichende Rolle eines Moderators, der Ausschweifungen, Aggressionen und indirekte Angriffe immer wieder freundlich und sachlich bewertet und auf den Punkt bringt. Und genau dies ist Ihre Hauptaufgabe bei Quertreibern.

Strategien bei innerer Kündigung

Quertreiber und Kandidaten die ihre innere Kündigung schon vorbereitet haben, können Ihnen »Ihr Leben« schwer machen. Mit dem Begriff »innere Kündigung« ist hier nicht die endgültige Kündigung vom Arbeitsplatz gemeint, sondern das Verschließen gegenüber allen neuen Themen, auf das Beispiel bezogen: Das Verschließen gegenüber dem Projekt und insbesondere des von Barbara Fischer (Seite 106 f.) geplanten Ablaufes. Diese innere Kündigung eines Gruppenmitglieds oder eines Mitarbeiters stellt die heftigste Form der Demotivation dar, ist aber gleichzeitig als neues Handlungsfeld gerade für Ihre Fähigkeit als Motivator wie geschaffen. Sie fangen ganz neu an! Vergessen Sie alte Verhaltensmuster des Mitarbeiters; vielleicht ist er schon öfter bei Betriebsfeiern neben die Etikette getreten oder hat Arbeitsaufgaben unzureichend erledigt.

Einen Schnitt machen

Sie sollten sich nicht zu lange mit diesen Fehltritten beschäftigen, sondern versuchen einen Schnitt zu vollziehen – nach dem Motto: »Nach dem Spiel ist vor dem Spiel«. Sie schätzen dennoch die Arbeitsleistung und die Persönlichkeit dieses Mitarbeiters trotz seiner nach außen bei Kollegen getragenen »inneren Kündigung«?

Zeigen Sie ihm – wenn vorhanden – Entwicklungschancen auf. Existieren interne Weiterbildungsmöglichkeiten, die auf ihn/sie zugeschnitten sind und die sie als Motivator einsetzen können?

MERKE: Bleiben Sie unbedingt freundlich, sachlich und zielbewusst, lassen Sie sich nicht von Aggressionen oder Beleidigungen themen- oder persönlichkeitsbezogenen Einwürfen verwirren – es geht um Ihr Projekt und nicht um persönliche Differenzen, die immer schon ausgetragen werden sollten.

Aber vor allem: Versuchen Sie diesen Weg mit ihm gemeinsam zu gehen. Finden Sie mit ihm gemeinsam Lösungen, benutzen Sie eine gemeinsame Sprache, die Sie beide verstehen, mit der beide umgehen können. Somit vermeiden Sie zusätzliches Konfliktpotenzial, das diese Situation weiter verschlimmern könnte.

Reisende soll man nicht aufhalten

Bei allen Bemühungen Ihrerseits, ob nun im privaten oder beruflichen Gebiet: Wenn Sie feststellen, dass sich Ihr Mitarbeiter oder Kollege wirklich schon vom Unternehmen gelöst hat, vielleicht auch schon eine externe Perspektive, also einen Arbeitsplatz in einem anderen Unternehmen vor Augen hat oder zum Beispiel den Verein wechseln möchte und dieser Wille gefestigt ist, so lassen Sie diese Person ziehen.

Fazit:

- Gehen Sie auf unterschiedliche Charaktere und Fähigkeiten ein. Pauschalisieren Sie nicht!
- Vermitteln Sie die Vorteile der Umsetzung, zeigen Sie den Vorteil der nächsten Schritte und Ergebnisse auf.
- Nutzen Sie Einwände zur weiteren Argumentation – versuchen Sie diese in Vorteile umzuwandeln.
- Handeln Sie auch bei Quertreibern immer diplomatisch und freundlich; bleiben Sie sachlich, auch wenn Ihre Nerven strapaziert werden; so behalten Sie die Fäden in der Hand.

Von Negativem nicht vereinnahmen lassen

Negatives erzeugt Unzufriedenheit – sowohl im privaten als auch im beruflichen Bereich. Man kann folgende Tatbestände als Basis der Unzufriedenheit, also als Basis des Negativen ansehen.

Im Privatleben

Ertappen Sie sich dabei, dass Sie manchmal abends auf dem Sofa sitzen und über das ungerechte Leben nachdenken? Stellt dies eine momentane Situation dar oder hält diese schon länger an? Kein Mensch ist in jeder Stunde und jeden Tag seines Lebens zufrieden.

Fassen Sie Mut, Ihre negative Lage zu ändern. Negatives zeigt an, dass ein Zustand zunächst positiv war und nicht negativ bleiben

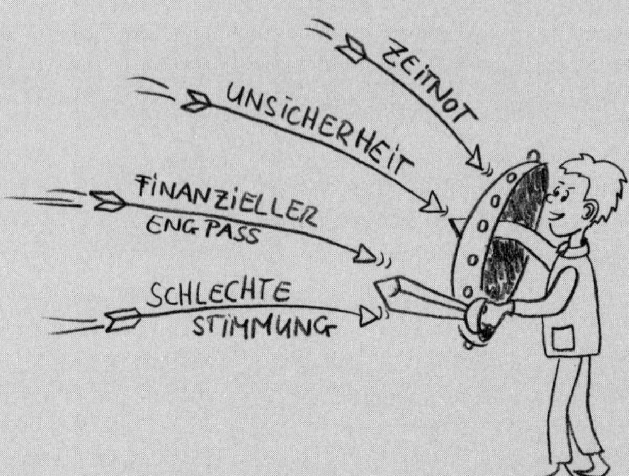

sollte – Negatives ist sozusagen ein Indikator. Finden Sie heraus worin die Basis des Negativen liegt?

Zum Beispiel das Thema Arbeitslosigkeit: Wodurch sind Sie arbeitslos geworden? Lag es an Ihrer Leistung oder ging es Ihnen wie vielen heutzutage, dass Sie infolge einer Firmeninsolvenz Ihre Koffer packen mussten? Wollten Sie sich immer schon verändern, haben es aber aufgrund Ihrer angeblich sicheren Stellung nicht getan? Informieren Sie sich, versuchen Sie auch über den Tellerrand hinwegzuschauen. Warten Sie nicht darauf, dass eine gute Fee an Ihrer Haustüre klingelt und Ihnen den Traumjob auf einem Silbertablett serviert: Werden Sie selbst wieder aktiv!

Im Beruf

Kommen Sie, anders als geplant, in Ihrem beruflichen Werdegang nicht mehr voran und treten auf der Stelle? Werden Ihre Leistungen nicht nach Ihren Wünschen anerkannt? Haben Sie Probleme, sich mit dem Unternehmen zu identifizieren?

Auch hier gilt die Devise: Gehen Sie nach vorn und zeigen Sie einen möglichen Missstand deutlich auf. Aber Vorsicht: Schwelgen Sie nicht in Unzufriedenheit, sondern achten Sie darauf, gleichzeitig auch einen Lösungsvorschlag parat zu haben. Wer im Business kritisiert, sollte zumindest eine Alternative darstellen können.

Versuchen Sie bei allen negativen Ereignissen oder Zuständen den Blick nach vorn nicht zu verlieren. Tragen Sie zur Lösung des Problems bei, indem Sie sich Gedanken darüber machen, wie es dazu gekommen ist und was Sie daran ändern können. Manches können Sie nicht allein erreichen.

Schließen Sie sich anderen Betroffenen an, Sie werden sehen, wie gut ein Erfahrungsaustausch tut, wie viele Informationen Sie durch die Gespräche erfahren und vor allen Dingen, wie Sie sich gegenseitig wieder motivieren können, Änderungen an den Situationen vorzunehmen!

Service

Glossar

Agenda: Ablauf- und Zeitplan eines Meetings.

Agreement: Vereinbarung zwischen zwei Parteien (zum Beispiel Geschäftspartnern).

Ärger-Schraube: Wenn ein Problem nicht früh genug angesprochen wird, staut sich der damit verbundene Ärger auf und wird immer größer.

Aufschieberitis: Das Aufschieben unangenehmer Aufgaben.

Blockade: 1. Eine »Sperre« im Kopf, die die Kreativität hemmt. 2. Indirekte Angriffstechnik im Gespräch in Form von jeder Verweigerung einer Stellungnahme.

Brainstorming: Spontane Sammlung von Ideen und Vorschlägen zu einem Thema innerhalb eines begrenzten Zeitraums.

Burn-out-Effekt: Folge von geistiger und körperlicher Überlastung mit der Konsequenz vollkommener Inaktivität.

Coaching: Förderung und Beratung einzelner Personen mit dem Ziel der Verbesserung der Situation.

Diskrepanzen: Widersprüchlichkeit und Missverhältnis zwischen zwei Sachverhalten.

Durststrecke: Zeiten, in denen ein Vorankommen nicht möglich ist, zum Beispiel Überwindung eines zeitbegrenzten finanziellen Engpasses.

Eisenhower-Schema: Bewertung der Aufgaben nach Wichtigkeit und Dringlichkeit und Einteilung in Kategorien (A, B, C und D). Das ermöglicht die effektive Zeitplanung.

Ellenbogentaktik: Das Durchsetzen der eigenen Interessen ohne Rücksicht auf mögliche Konsequenzen für andere.

Feedback geben: Abgabe einer Einschätzung über eine andere Person oder Situation.

Feedback nehmen: Erhalt einer Einschätzung durch eine andere Person.

Fragen, geschlossene: Können nur mit »Ja« oder »Nein« beantwortet werden.

Fragen, offene: Lassen dem Befragten Freiraum, eigene Aspekte mit einzubringen.

Fremdeinschätzung: Einschätzung der eigenen Person durch andere.

Frustrationsfallen: Hemmnisse auf Grund von negativen Ereignissen.

Gesprächsstrategie: Ablaufplanung hinsichtlich Inhalt und Ziel eines Gesprächs.

Hard-Facts: Zahlen, Daten, Fakten.

Hierarchiedenken: Streng kategorisiertes Positionsdenken.

Innovation: Neuheit oder durchgreifende Veränderung.

Input: Erhalt von Informationen zur weiteren Verarbeitung.

Kommunikation, nonverbale: Zeigt sich durch Gestik, Mimik und Auftreten.

Kommunikation, verbale: Zeigt sich durch das gesprochene oder geschriebene Wort.

Kommunikationsfähigkeit: Fähigkeit, mit anderen ergebnisorientiert Gespräche zu führen.

Kostenrechnung: Auflistung und Prüfung aller anfallenden Kosten zur Erreichung eines Ziels.

Krisengespräch: Gespräch, um eine Entscheidung in einer schwierigen Situation zu treffen.

Krisenmanagement: Konzept zur Bewältigung von auftretenden Problemen.

Kritik, destruktive: Hilfreiche und weiterbringende Argumente.

Kritik, konstruktive: Hemmende und negative Argumente.

Lob-Knauser: Person, die mit Anerkennung äußerst sparsam umgeht oder diese gar nicht gibt.

Meeting: Teambesprechung zum Informationsaustausch und zur Erarbeitung weiterer Schritte.

Mitarbeitergespräch: Gegenstand der Personalentwicklung mit der Aufgabe des Führens und Förderns von Mitarbeitern.

Moderator: Neutrale Person, die durch ein Programm / Gespräch leitet.

Motivation: Zielgerichtetes Handeln unter Ausschöpfung aller Kapazitäten.

Motivationsprozess: Einzelne Schritte zur Erreichung eines Ziels.

Netzwerk: Zusammenschluss von Gleichgesinnten.

Organigramm: Schematische Darstellung der Unternehmensorganisation.

Pareto-Prinzip: Theorie, dass 20 Prozent des Einsatzes 80 Prozent des Ergebnisses bringen. Dieser Schlüssel zur Gewichtung der Aufgaben wurde nach dem italienischen Wissenschaftler Vilfredo Pareto benannt.

Prioritäten setzen: Bewertung der einzelnen Tätigkeiten und Aufgaben nach Wichtigkeit und Dringlichkeit. Diese werden in eine Reihenfolge gebracht, nach der sie »abgearbeitet« werden.

Quertreiber: Person, die ständig Einwände bringt und alles kritisch hinterfragt mit dem Ziel, das Vorhaben zu kippen.

Rollenspiel: Gruppenübung, in der die Teilnehmer in fremde Rollen schlüpfen, um andere Sichtweisen kennen zu lernen.

Routinearbeiten: Regelmäßig anfallende Tätigkeiten, für die man in der Regel nicht voll konzentriert sein muss, wie zum Beispiel die Pflege der Ablage, Hotelbuchungen.

Selbstdisziplin: Konzentration auf anstehende Aufgaben, ohne sich zu verzetteln oder ablenken zu lassen.

Selbstmotivation: Sich durch eigenen Antrieb für eine Aufgabe begeistern können.

Selbstwahrnehmung: Einschätzung der eigenen Person durch sich selbst.

Soft-Skills: Persönlichkeitsmerkmale, wie zum Beispiel Teamfähigkeit, Kommunikationsstärke, Flexibilität, Mobilität, etc.

Teamfähigkeit: Fähigkeit, mit und für das Team zu handeln.

Übermotivation: Zu große Begeisterung für ein Thema mit der Folge, dieses Ziel über alles andere zu stellen.

Überzeugungsarbeit: Jemanden von einer Meinung zu überzeugen, ohne ihn zu manipulieren.

Unternehmensidentifikation: Annehmen und Leben der Unternehmensphilosophie.

Unzufriedenheitsfaktor: Negative Gegebenheiten und Erlebnisse, die Auswirkungen auf die Leistung haben können.

Vogel-Strauß-Taktik: Unauffällige Verhaltensweise mit dem Ziel, keine Verantwortung übernehmen zu müssen.

Zeitplanung: Bewertung der einzelnen Aufgaben nach Dringlichkeit und Wichtigkeit, Zuordnung von Bearbeitungszeiten, um die Zeit beruflich und privat optimal zu nutzen.

Adressen und Websites

- Verlag für die Deutsche Wirtschaft AG
  Theodor-Heuss-Straße 2-4
  53117 Bonn
  Tel.: 0228 / 955 01 00
  Internet: www.vnr.de

- Seminare und Konzeptionen
  Hirtenweg 33
  24558 Henstedt-Ulzburg
  Tel.: 04193/969650
  www.semkon.net

- Fit For Future Institut
  Potthast und Partner
  De-la-Paz-Straße 12b
  80639 München
  www.fit4future-institut.de

- LernAct! Unternehmensentwicklung
  Rambacher Straße 74
  65193 Wiesbaden
  Tel.: 0611/5420728
  www.learnact.de

- www.methode.de
  Umfassendes Portal zur persönlichen Lebensorganisation nach Stephen R. Covey. Tipps und Methoden in den Bereichen Erfolgs- und Zeitmanagement, Rhetorik, Schnelllesen, positiver Umgang mit Menschen, Kreativitätstechniken und Gesundheitspflege.

- www.motivation.de
  Hilfen zur Steigerung der emotionalen Intelligenz in Mitarbeiter- und Unternehmensführung. Angeboten werden u. a. Motivations-Poster für den Arbeitsplatz und Techniken zur Verbesserung der Teamarbeit und Produktivität.

- www.selbstmarketing.de
  Tipps und Online-Workshops für den beruflichen Alltag, zum Beispiel: Entscheidungen treffen, Besser mit dem Chef klarkommen, Erfolgreich verhandeln, Professionelle Organisation für Selbstständige und Manager.

- www.zmija.de
  Informationsportal mit zahlreichen Links zu Mind-Mapping, Positives Denken, Soft-Skills, Überwindung von Angst, persönliche Fitness und Simplify-Methoden.

- www.dietzemanagement.de
  Professionelles Coaching für Unternehmen und Führungskräfte.

- www.trainart.de
  Informationen der Gsellschaft für Coaching, Training und Beratung. Zentrale Fragen des vielfältigen Seminarangebots sind Personalberatung und –training, Orgainsationsentwicklung, Farb- und Stilberatung sowie Selbstmarketing und Zeitmanagement.

- www.kopp-training.de
  Website der Gesellschaft »Dr. Jörg Kopp Training und Coaching«. Schwerpunkt des Programms liegt in der Führung der Mitarbeiter und im Selbstcoaching.

Frequently Asked Questions

▸ *Wie kann ich mich selbst motivieren?*

Es ist häufig sehr schwer, sich in schwierigen Situationen selbst zu motivieren. Sie müssen sich Ihrer Stärken bewusst sein und diese so gut es geht fördern. Hinterfragen Sie Grenzen, die sie in Ihrem Wirkungskreis einschränken und ausbremsen. Vertrauen Sie auf Ihre Stärken, dann werden Sie auch scheinbar schwierige Situationen meistern können. Sie müssen Ihren persönlichen Weg finden und dürfen sich nicht von Vergleichen mit anderen abhängig machen und demotivieren lassen. Ergreifen Sie selbst die Initiative und warten Sie nicht darauf, dass man auf Sie zukommt. Wenn Sie von Ihren Projekten überzeugt sind und darin aufgehen, sind Sie in der Lage, volle Leistung zu bringen. Organisieren Sie Ihr persönliches Zeitmanagement nach Prioritäten, schaffen Sie sich Freiräume für angenehme Aufgaben.

▸ *Wie kann ich andere motivieren ohne zu manipulieren?*

Die Kunst der Personalführung liegt darin, die Unternehmensziele zu den Zielen der Mitarbeiter zu machen. Je ausgeprägter die Identifikation mit dem Unternehmen ist, desto engagierter wird sich die Arbeitsleistung darstellen. Achten Sie bei der Delegation von Aufgaben darauf, Ihren Mitarbeitern nicht nur lästige Pflichten, sondern auch verantwortungsvolle Aufgaben zu übertragen. Nur so können Ihre Kollegen zeigen, welches Potenzial in ihnen steckt und Leistung bringen – und so Bestätigung aus Ihrer Arbeit ziehen. Beziehen Sie sie in Entscheidungsfindungsprozesse ein und geben Sie ihnen Freiräume.

▸ *Was kann ich tun, um meine Ziele zu erreichen?*

Definieren Sie Ihre Ziele möglichst genau. Je genauer Sie Ihre Ziele formulieren, desto besser lassen diese sich überprüfen und umsetzen. Untersuchen Sie, ob Sie auf Ihren Basics (Ausbildung, Position, finanzielle Mittel, körperliche Verfassung, familiärer Hintergrund) aufbauen können und stellen Sie fest, ob Sie aufstocken müssen. Teilen Sie Ihr Ziel in Etappenziele ein, haken Sie erreichte Schritte ab und feiern Sie jeden Erfolg.

▸ *Wie erkenne ich meine Stärken, wie kann ich sie nutzen?*

Ihre Persönlichkeit ist geprägt von Ihren Stärken und Schwächen. Sie haben es selbst in der Hand Ihre Stärken hervorzuheben. Überlegen Sie, welche Aufgaben Ihnen leicht von der Hand gehen und Ihnen viel Freude bereiten. Probieren Sie vielleicht auch einmal Neues aus um zu testen, wie Sie Ihre entdeckten Stärken einbringen und festigen können. Vertrauen Sie auf Ihre Stärken und haben Sie Mut, auch einmal etwas zu riskieren. Richten Sie Ihre Ziele nach Ihren Stärken aus.

▸ *Wie gehe ich mit Lampenfieber um?*

Sie werden beispielsweise ohne Vorabinformation über Inhalte zur Geschäftsführung bestellt. Mit jedem weiteren Schritt Richtung Chefetage steigen Blutdruck und Adrenalinspiegel an, Sie überlegen krampfhaft, was Sie verbockt haben könnten. Oben angekommen bringen Sie vor lauter Aufregung und Kurzatmigkeit kein vernünftiges Wort mehr über die Lippen und fühlen sich wie ein kleiner Schuljunge vor dem Schuldirektor. Um es gar nicht erst so weit kommen zu lassen, sollten Sie versuchen, Ihre negative Erwartungshaltung abzublocken und neugierig in das Gespräch zu gehen. Legen Sie in Gedanken eine Liste Ihrer Stärken an, die Sie, wenn nötig, abrufen können. Versetzen Sie sich in eine positive Grundstimmung, indem Sie sich eine positive Situation vorstellen (zum Beispiel den erfolgreichen Abschluss bei Ihrem Großkunden oder die erfolgreiche Organisation des Betriebsjubiläums).

Register